"十二五"国家重点出版物出版规划项目
由黑龙江省精品图书出版工程资助出版

教·育·改·革·与·发·展·研·究·书·系

美、英、印学前教育推进项目比较研究

齐晓恬 著

黑龙江教育出版社

图书在版编目（C I P）数据

美、英、印学前教育推进项目比较研究 / 齐晓恬著
.-- 哈尔滨 : 黑龙江教育出版社, 2015.12
（教育改革与发展研究书系 / 田慧生主编）
ISBN 978-7-5316-8562-3

Ⅰ. ①美… Ⅱ. ①齐… Ⅲ. ①学前教育－对比研究－美国、英国、印度 Ⅳ. ①G619.1

中国版本图书馆CIP数据核字(2015)第321649号

教育改革与发展研究书系

美、英、印学前教育推进项目比较研究

Mei Ying Yin Xueqian Jiaoyu Tuijin Xiangmu Bijiao Yanjiu

齐晓恬 著

责任编辑 梁 爽 李绍楠
封面设计 朱建明
责任校对 廉常青
出版发行 黑龙江教育出版社
（哈尔滨市南岗区花园街158号）
印 刷 黑龙江远东联达教育文化传媒有限公司
开 本 787毫米×1092毫米 1/16
印 张 12.25
字 数 190千
版 次 2016年1月第1版
印 次 2016年1月第1次印刷

书 号 ISBN 978-7-5316-8562-3 定 价 36.00元

黑龙江教育出版社网址:www.hljep.com.cn
如需订购图书,请与我社发行中心联系。联系电话:0451-82533097 82534665
如有印装质量问题,影响阅读,请与我公司联系调换。联系电话:0451-84560820
如发现盗版图书,请向我社举报。举报电话:0451-82533087

丛 书 主 编：田慧生
丛书副主编：刘　芳
丛 书 策 划：丁一平　赵　力
政策卷主编：吴　霓
学前卷主编：霍力岩

目　录

绪　论

美国提前开端项目、英国确保开端项目和印度儿童综合发展服务项目均为国家主导、旨在促进教育起点公平的大型学前教育推进项目。本书尝试对上述三个项目展开较为系统的比较研究，以期为当前我国政府组织实施的“推进农村学前教育项目”提供有益的参考。

本书以我国基本普及学前教育背景下的“推进农村学前教育项目”为研究起点，按照代表性与系统性相结合、证据研究与综合分析相结合、国际经验与政策分析相结合的原则，综合运用问题法、比较法和因素分析法等研究方法，在确定从政治、经济和文化三个维度分析三个项目主要影响因素的基础上，构建了从基本定位、举办机构、管理体制、投入体制和师资发展五个维度分析三个项目主要内容的研究框架。

通过从政治、经济和文化三个方面分析影响三个项目的主要因素，不难发现，国内外形势走向进一步民主、社会经济走向进一步繁荣、学前教育价值进一步凸显为三个项目的产生和发展提供了动力。发展至今，三个项目都经历了由不成熟到日益完善的发展过程。在形成各自特色和规模效益的同时，在不同的发展环境中呈现出几个共同的发展特点，分别是：明确界定学前教育推进项目的独特功能并追求公平性和公益性，政府引领多种机构共同承担项目实施责任，政府主导项目并形成多级政府和部门的合作机制，建立以政府财政投入为主的投入保障体制，拥有身份明确、培训规范的较高质量的师资队伍等。

在对三个项目的发展历程、主要内容等进行比较分析的基础上，本书结合我国实现基本普及学前教育的关键、重点和着力点，讨论了我国“推进农村学前教育项目”的几个核心问题，认为应该进一步阐释“推进农村学前教育项目”的价值、功能与地位，进一步确立政府主导、公办为主、多种机构参与实施的项目发展模式，进一步明确项目的政府主管部门并有效协调各相关部门参与项目管理工作，进一步明确政府对项目的财政投入责任并规范投入方式，进一步确定项目中幼儿教师的身份并保障幼儿教师教育的质量。本书还特别提出了应该通过刚性立法对项目实施予以保障的吁求。

第一部分

综观近年世界学前教育的改革与发展，众多国家均致力于推动学前教育的普及，并逐渐强化政府对学前教育的主导职责，从多方面采取措施“将公共资源给予处境最不利的儿童”①，特别是通过举办国家主导的大型推进项目引领学前教育发展。如美国提前开端项目（Project Head Start）、英国确保开端项目（Sure Start Program）和印度儿童综合发展服务项目（Integrated Child Development Services Scheme）等均以农村和广大贫困地区作为项目的主要发展地，由政府主导并提供综合性学前教育服务，致力于优先保障和普及处境不利儿童的学前教育，以补偿其因家庭贫困和教育不足而带来的发展缺失，进而从根源上消除贫困并“构筑国家财富”。大型学前教育推进项目日益成为美、英、印三国学前教育发展战略中的优先领域与重点工程，并逐渐使上述三国形成了一种发展处境不利儿童学前教育的模式，进而普及和提升所有儿童学前教育机会与质量的政策性机制。可以说，我国《国家中长期教育改革和发展规划纲要（2010—2020年）》（以下简称《教育规划纲要》）提出的“推进农村学前教育项目”是对美、英、印等国以大型学前教育推进项目为普及和发展学前教育、强化和扩大政府对学前教育的职责以及奠定人才基础、达成社会和谐的有效举措的学习和借鉴，为摆脱我国学前教育普及事业缺乏有益有效模式的现实困境提供了很好的政策支持与行动设想。在充分认识我国《教育规划纲要》有关学前教育的战略目标与发展任务的基础上，合理借鉴美、英、印三国通过大型推进项目普及和提升学前教育的有益经验，以一种不同以往的创造性的新视角、新政策和新行动——中国风格、中国气派的大型学前教育推进项目——“推进农村学前教育项目”来

① 联合国教科文组织：《2009年全民教育全球监测报告——消除不平等：智力缘何重要（摘要）》[R/OL]，28页，http://unesdoc.unesco.org/images/0018/001865/186525c.pdf. 2011-11-12，2009。

探讨和实施我国学前教育事业的发展大计已经成为大势所趋和必然选择。

一、基本普及学前教育是世界学前教育发展大势所趋

20世纪中叶以来，国际社会颁布了如《儿童权利宣言》(Declaration of the Rights of the Child)、《儿童权利公约》(Convention on the Rights of the Child)等一系列与开发儿童潜能、保障儿童权利相关的法律政策文件，儿童受教育的权利和质量得到进一步重视，学前教育逐渐成为"任何教育政策和文化政策的先决条件"和"教育策略的主要目标之一"①。很多国家都主张在学前教育资源有限的情况下，将提高处境不利儿童入园率作为普及和发展学前教育的突破口。尤其是从20世纪六七十年代起，关注处境不利儿童的教育成为对学前教育公平和普及的最佳诠释与最有力的行动，许多国家都纷纷立法保障处境不利儿童受教育的权利，并将此作为国家学前教育政策的重要出发点，以实际行动将公共教育资源向处境不利儿童倾斜，美、英、印三国就是其中的突出代表。

教育公平是美国尊重人权、保护人权的重要手段。近年来，美国学前教育公共政策进一步加大了对处境不利儿童的关注。20世纪60年代，美国经济平等和社会公平"战争"的领导者、反贫困运动(War on Poverty)的发起者——约翰逊(Johnson, L.)总统就曾呼吁："所有美国儿童都不应该因为其出身而被宣判为失败。"②在此背景下，提前开端项目作为美国社会反贫困的基础和重要组成部分开始启动并持续推进。多部《提前开端法案》(Head Start Act)强调了学前教育对于早期鉴别与干预、扶助弱势群体及促进社会公平的重要作用。《儿童保育与发展固定拨款法》(Child Care and Development Block Grant Act, 1990)在立法宗旨中也着重提出"促进各州和地方儿童保育服务的开展，特别是提高对低收入家庭儿童的早期看护与教育的关注程度"。《2000年目标：美国教育法》(Goals 2000: Educate America Act, 1993)明确规定：未来美国教育目标之首

---

① 联合国教科文组织国际教育发展委员会：《学会生存：教育世界的今天和明天》，华东师范大学比较教育研究所译，252页，北京，教育科学出版社，1996。

② Zigler, E. & Valentine, J. (ed.). (1979). Project Head Start: A legacy of the war on poverty. New York, NY: Free Press. p. 72.

即“保障所有儿童都接受学前教育”①。2001 年《不让一个儿童落后法》(No Child Left Behind, 2001)也明确提出:“联邦政府要转变其在教育中的作用,不让一个儿童落伍,特别是要着力改变少数族裔儿童、贫困家庭儿童以及残疾儿童等弱势儿童群体在受教育状况方面的不利处境。”②除法律保障外,联邦政府还采取多种政策积极推动学前教育的普及。2009 年,奥巴马(Obama, B.)总统上任伊始就加大了对弱势儿童保育和教育项目的财政投入力度,扩大优质教育资源受惠面,不断推进高质量学前教育的普及。奥巴马认为,尽管在 20 世纪 80 年代的“普及学前教育”(Universal Pre - kindergarten)运动实施之后,美国学前教育的普及率有所上升,但面向非洲裔、拉丁美裔等处境不利儿童的教育质量仍然极差,③而处境不利儿童是美国未来 21 世纪的劳动力主力军,他们接受学前教育的好坏将直接影响美国未来的国际竞争力,必须为这些儿童提供高质量的学前教育。④ 奥巴马政府倡行的《0 ~5 岁教育计划》(Zero to Five Plan)提出,每年由联邦政府拨款 100 亿美元资助各州用于普及学前教育。综上,当前美国联邦政府致力于发展学前教育,希望通过教育对抗贫困,为处境不利儿童及其家庭提供必要的资助和扶持,保障其基本的学前教育权利,进而促进面向所有儿童的学前教育的普及、发展乃至质量提升。

20 世纪 90 年代后期,英国社会、经济与教育领域出现了重重危机,失业人口剧增,贫富差距扩大,未婚妈妈与单亲妈妈不断增加,青少年学业失败率呈上升趋势,⑤社会福利开支陡然增加,“从摇篮到坟墓”的老牌福利国家遭受严峻挑战,迫使英国政府不得不采取新的教育政策措施。以布莱尔(Blair, T.)为首

---

① 美国国会:《2000 年目标:美国教育法》[DB/OL]. http://loc.gov/bss/d103/d103laws.html, 2008 -7 -10,1993。

② 吕达、周满生:《当代外国教育改革著名文献(美国卷 · 第四册)》,193 页,北京,人民教育出版社,2004。

③ Remarks by the President to the Hispanic Chamber of Commerce on a Complete and Competitive American Education. [DB/OL]. http://www.whitehouse.gov, 2011 -8 -9.

④ Remarks by the President to the Hispanic Chamber of Commerce on A Complete and Competitive American Education. [DB/OL]. http:// www.whitehouse.gov, 2011 -8 -9.

⑤ OECD. (2000). Early Childhood Education and Care Policy In The United Kingdom: Country Note. [DB/OL]. http://www.oecd.org/dataoecd/52/32/2535034.pdf. 2010 -5 -6.

的新工党提出并采取了“第三条道路”(The Third Way),旗帜鲜明地反对社会排斥,力图建立“全纳型社会”(Inclusive Society),强调对弱者的保护,主张对此前长期受忽略的年轻人、长期失业者、单亲家庭、残疾人和老人等弱势群体提供社会援助,以此来缓和社会矛盾。① 在“第三条道路”和“全纳社会”的改革理念下,英国政府发起了一系列致力于普及的和公平的学前教育的法律与动议,如《2002 年教育法》(Education Act of 2002)、《2005 年教育法》(Education Act of 2005)及《2006 年儿童保育法》(Child Care Act 2006)、《每个儿童都重要》(Every Child Matters)等法律和政策文本中均有对贫困儿童、少数民族儿童等处境不利儿童群体的规定。《拨款法》(Appropriation Act)中还有专门用于扶助处境不利儿童的单列预算,旨在促进其受教育权利的实现。英国政府将学前教育的服务对象首先定义为处境不利儿童,主张学前教育应有效防止儿童贫困与儿童排斥现象的发生与严重化,促进消除儿童贫困,促进处境不利儿童群体享有平等的受教育权与发展权②;认为高质量的学前教育能够确保每个儿童获得最好的人生开端,缩小发展差距,确保教育起点的公平。确保开端项目正是在此种背景下由英国财政部(HM treasury)于 1998 年发起的针对处境不利学前儿童的政府动议。

在发展中国家,虽然促进处境不利儿童接受学前教育的任务非常艰巨,但仍有某些国家做出了卓有成效的尝试,印度即其中的突出代表。印度计划委员会(Planning Commission)在其第六次计划框架中提出:“所有的儿童在发展的关键几年中应当得到足够的重视。”③这是印度首次将学前教育纳入政府关注焦点。从此,印度的教育政策开始关注学前教育,并特别向处境不利儿童倾斜。2005 年,印度政府出台《国家儿童行动计划》(National Plan of Action for Children),秉承如下行动原则:解决由于性别、等级、种姓、民族、宗教和法律地位等

① 沙莉、庞丽娟、刘小蕊:《英国学前教育立法保障政府职责的背景与特点研究》,载《教育科学》,2008(2),92~96 页。

② 胡昌宇:《兼顾效率与公平:英国新工党政府经济与社会改革的有益尝试》,载《世界经济与政治论坛》,2006(4),79~86 页。

③ Mohanty, J. (2004). Modern Trends in Indian Education. New Delhi: Deep & Deep Publications PVT. LTD. p. 465~479.

歧视而导致的问题，以保证平等；给那些处境最不利的儿童以最优先的政策及行动干预；认识到儿童的生长阶段和生活环境都是各不相同的，让所有儿童都能有机会充分实现他们的权利，满足他们的不同需要。[①] 上述政府文件充分体现了印度政府对儿童尤其是处境不利儿童的关心和重视，以及在促进学前教育公平与普及方面做出的实际努力。

二、明确政府职责成为各国普及学前教育的重要保障

学前教育的普及和对处境不利儿童的扶助不可能依靠社会强势群体自觉完成，只能依靠一种超越公平主体的权威性力量来主导和争取，这种力量主要是政府。政府作为一种社会公权力的代表，其公共职能就是为社会全体公民提供充足而优质的公共产品，为社会公共事务提供公平公正的公共服务[②]，改进健康和教育状况作为政府的一项公共责任已经得到国际社会签署的"千年发展目标"(Millennium Development Goals)的支持。[③] 而儿童的早期发展和教育不仅是儿童的权利，也是一项有高回报的投资，投资回报率在18% ~78%，远高于金融投资。[④] 正如诺贝尔经济学奖获得者海克曼(Heckman)所言："没有哪一项政策能够像学前教育一样，既由于具有远高于其他阶段教育的投资回报率而受到经济学家的青睐，又由于解决了公共的家庭需求而受到社会的认同。"[⑤]基于国际社会对学前教育重要价值与作用的逐步认识与深刻理解，学前教育的公共性价值已经得到各国普遍认可，大部分国家都将学前教育定位于准公共产品或公共产品，认为学前教育以公益性为根本属性，对个体全面健康发展和社会整体进步具有重要功能与价值，其公共性仅次于义务教育，而且随着社会经济的发

① National Plan of Action for Children 2005. Retrieved from July 16th, [EB/OL]. http://wcd. nic. in/. 2009 - 10 - 15.

② 刘祖云：《当代中国公共行政的伦理审视》，33页，北京，人民出版社，2006。

③ World Bank. (2004). World Development Report 2004: Making services work for poor people [EB/OL]. http://www - wds. worldbank. org/external/default/WDSContentServer/WDSP/IB/2003/10/07/000090341_20031007150121/Rendered/PDF/268950PAPER0WDR02004. pdf. 2011 - 8 - 8.

④ 中国0~6岁儿童早期发展应纳入公共服务框架[N/OL]. 人民网，http://acwf. people. com. cn/GB/99050/13981399. html, 2011 - 02 - 23/2011 - 02 - 24。

⑤ Heckman, J. (2000). Policies to foster Human Capital Research in Ecnomics. Vol. 7. p. 141 - 148.

展及其外部性效应的日益凸显，学前教育的公共产品属性不断增强，并致力于推动学前教育向公共产品发展。基于对学前教育的这种公共产品或准公共产品属性的定位，政府行为应成为学前教育发展的主导力量。同时，随着世界范围内政府改革及现代化政府建设潮流的推进，以及政府在一国发展中的职责意识不断得到强化，各国纷纷明确政府在学前教育事业发展中的重要职责及其职责定位。由政府承担实际职责向以处境不利儿童为优先服务对象的全体儿童提供接受学前教育的机会，业已成为世界多国发展学前教育的重要方向。

依然以发达国家中教育普及问题解决得比较好的美国和英国，以及发展中国家中教育普及问题解决得相对较好的印度为例。在美国，联邦政府过去并不直接干预教育事务，但随着教育发展日益成为影响国家安全和经济发展的重要因素，以及学前教育研究的逐渐深入和教育民主化要求的日渐迫切而不断强化，联邦政府开始加大关注教育，调控教育的力度和广度，对学前教育的主导和干预也相应地不断加强，主要表现在通过出台学前教育相关立法来确定工作重点，指明改革方向，对学前教育发展做出规定和宏观战略部署，制定学前教育发展的长期规划与近期计划、发展目标等，如《2000 年目标：美国教育法》明确指出要依法设立专门的学前教育发展全国领导小组，以对全美学前教育改革与发展进行总体领导和全程监控。[①]《不让一个儿童落后法》明确规定联邦政府要“确保高质量的绩效责任体系、学术评价标准、教师培训与教育资源的竞争型分配”，“满足弱势群体儿童的教育需求”，“缩小学业成绩差距”，“确保各州、地方教育机构与学校能够促进所有儿童的学业进步”，以及“将教育资源合理配置到最需要的地方教育机构中”。[②] 同时，联邦政府对学前教育的投入也大幅增加，并通过立法规定经费投入的范围、重点及分配方式。这些都充分体现了美国联邦政府对学前教育的日益重视和政府职责的逐渐强化与有效履行，正是在这样的政策背景下，美国的学前教育发展迈入了一个新的时代。

---

① 美国国会：Goals 2000：Educate America Act（1994）.［EB/OL］. http://thomas.loc.gov/bss/d103/d103laws.html. 2010-2-20.

② 美国国会：《不让一个儿童落后法》（2001，第 1001 条）.［EB/OL］. http://thomas.loc.gov/bss/d107/d107laws.html. 2010-1-15.

英国政府近年来也通过出台一系列政策文本来明确政府发展学前教育的主导性职责。如《家长的选择，儿童最好的开端：儿童保育十年战略》(Choice for Parents, the Best Start for Children: Ten Year Strategy for Childcare)中明确指出："政府有责任帮助幼儿及其家长应对挑战，有责任确保所有幼儿都能有良好的开端，此举将对英国公民终身发展、家庭生活质量提高及国家经济繁荣产生重大影响。"①2007年，新成立的儿童、学校和家庭事务部(The Department for Children, Schools and Families，简称DCSF)出台的部门计划《儿童计划：塑造美好未来》(The Children's Plan: Building brighter futures)也指出："政府需要做出更多努力来支持家长和他们的家庭。"②英国诸多法案和政策文本以及由此而采取的实际行动均进一步明确了政府在学前教育发展中肩负的重要责任，凸显了学前教育的公共价值。

印度的宪法和国家层面的发展计划和报告等文件中也多次强调学前教育公共性及政府主导性职责。印度宪法规定国家必须提供义务教育阶段以前的学前教育，而且认为儿童的保育和教育是并行的主题，③因此，印度联邦政府各相关部门和各邦必须在早期儿童保育和教育服务的执行上承担各自的责任。具体来看，早在20世纪60年代，印度教育委员会(The Education Commission, 1964—1966)就认识到学前教育的重要性、它与以后入学以及入学后学习成绩之间的重要联系，认为国家应担负起涉及学前教育的所有监管和指导职责，培训教师并进行关于早期儿童教育的科学研究。儿童项目准备委员会(Committee for Preparation of Programmes for Children，又称Ganga Saran Sinha Committee)于1968年首次建议政府应当在学前教育上加大投资力度。时至今日，印度政府不断出台包括学前教育在内的国家教育政策与计划，表明了印度联邦政府对学前

---

① M Treasury, DfES, DWP, DTI (2004). Choice for Parents, the Best Start for Children. Ten Year Strategy for Childcare. [EB/OL]. http://www.dfee.gov.uk. 2008-3-30.

② 《儿童计划》是新成立的儿童、学校和家庭事务部的下一个10年计划，它描述了该部门下6个部门的战略目标(DSOs)和5个公共服务协议(PSAs)，指明了该部门的责任。该计划同时也包含了2020年的目标。

③ Directory of Supreme Court and High Court. (2007). Judgements on issues relating to Women and Children. [EB/OL]. http://wcd.nic.in/. 2008-7-16.

教育问题的日益关注及政府职能定位的逐步确立。

三、大型学前教育推进项目成为各国普及学前教育的重点工作

20 世纪 60 年代中后期以来，随着学前教育普及日益得到各国政府的重视并成为其实现国家发展战略的重要组成部分和基础，以及政府的学前教育主导性职责在各国的不断明确和强化，并成为其发展学前教育的重要途径与努力方向，美国、英国、印度等很多发达国家和发展中国家都将处境不利儿童的学前教育作为政府学前教育职责的优先和重点关注方面，通过举办国家主导的、大型的、长期的学前教育推进项目，引领学前教育事业的发展。举办大型学前教育推进项目，以补偿处境不利儿童因家庭贫困和教育不足而带来的发展缺失，进而从根源上消除贫困并“构筑国家财富”，已成为众多国家在公共服务、反贫减贫、人力资源等领域努力的重要方向。如著名的美国提前开端项目、英国确保开端项目和印度儿童综合发展服务项目等都在儿童保育和教育领域取得了巨大成功——为学前教育的普及提供了有效机制，为政府学前教育职责的履行形成了有益示范，进而为国家的持续发展提供了人才保障，为社会的和谐稳定创造了良好环境。大型学前教育推进项目的建立，使上述三国形成了一种政策性的促进和提升学前教育普及率与公平化、分散和降低学前儿童贫困的机制。三个项目凭借其明确的基本定位、遍布全国的运作机构、职责明确的管理体制、充足且分配规范的投入体制和专业化水平不断提升的师资队伍，已成为美、英、印三国推动其学前教育公平及普及事业的引擎和有效履行政府学前教育主导性职责的依托方式，成为世界各国在学前教育领域努力的重要借鉴与参考。

美国提前开端项目是全世界规模最大、影响最深和历时最久的大型学前教育推进项目。该项目创立于 1965 年，主要致力于为 3 ~ 5 岁的低收入家庭儿童及其家庭提供有效的教育补偿和集教育、健康、营养和社会等全方位的综合服务，保障处境不利儿童享有平等受教育的机会并提高其入学准备能力，[①]倡导实

---

① Department of Health and Human services. (2011). Head Start Program Fact Sheet Fiscal Year 2010. [EB/OL]. http://eclkc.ohs.acf.hhs.gov/hslc/Head%20Start%20Program/Head%20Start%20Program%20Factsheets/fHeadStartProgr.htm. 2011 -2 -23.

现教育公平与改善贫困人群代际循环，是大型学前教育推进项目的一种模式和实验。该项目的举办机构统称提前开端中心，由联邦政府通过授权的方式充分利用地方现有的资源，以地方实体机构为中介和基础而遍布全国。2009 年，美国在全国 50 个州有 1 591 个提前开端项目和早期提前开端项目（Early Head Start）授权的服务机构，[①]运作着 49 200 个班级[②]。提前开端中心逐渐成为美国学前教育机构中的重要组成部分。从管理体制看，提前开端项目由联邦政府直接负责，健康与人类服务部（U. S. Department of Health and Human Services，简称 HHS）下设的儿童与家庭管理处（U. S. Association of Children and Family，简称 ACF）所设立的提前开端办公室（The Office of Head Start, OHS）为项目的直接主管部门，负责为项目相关问题制订计划、提供建议并部署实施，并注重在项目的具体管理中加强与各级政府和其他多种部门的合作。从投入体制看，该项目的经费来源主要是联邦政府拨款（约占总额度的 80%），也有地方政府的资金补充支持（约占 20%），其具体的分配需依法律规范加以细化。近年来，联邦政府的投入不断增多，拨款数额从 1965 年的 9 640 万美元上升到 2009 年近 71 亿美元[③]，2010 年的预算更是超过了 72 亿美元[④]。从师资发展状况来看，提前开端项目教师的数量逐年递增，2009 年共有超过 21 万教职员工和 127 万志愿者参与到项目中，其工资待遇也在法律保障下不断提高，而多套资格证书体系和以标准为导向的多种培训方式保证了教职员工的资历水平和专业化程度不

---

① Biennial Report to Congress. (2006). The Status of Children in Head Start Programs. 2005. p. 1 [EB/OL]. http://eclkc. ohs. acf. hhs. gov/hslc/Head% 20Start% 20Program/Head% 20Start% 20Program% 20Factsheets/fHeadStartProgr. htm. 2011 - 2 - 23.

② Department of Health and Human services. (2011). Head Start Program Fact Sheet Fiscal Year 2010. [EB/OL]. http://eclkc. ohs. acf. hhs. gov/hslc/Head% 20Start% 20Program/Head% 20Start% 20Program% 20Factsheets/fHeadStartProgr. htm. 2011 - 2 - 23.

③ 2008 财政年度提前开端项目情况说明书. [EB/OL]. http://eclkc. ohs. acf. hhs. gov/hslc/About% 20Head% 20Start/dHeadStartProgr. htm#top. 2010 - 10 - 20.

④ Department of Health and Human services. (2011). Head Start Program Fact Sheet Fiscal Year 2010. [EB/OL]. http://eclkc. ohs. acf. hhs. gov/hslc/Head% 20Start% 20Program/Head% 20Start% 20Program% 20Factsheets/fHeadStartProgr. htm. 2010 - 12 - 10.

断提升。近50年来,提前开端项目已经为超过2 700万[①]儿童提供了服务。有研究者(Neuman, S. 2009)在归纳了美国众多针对贫困儿童的学前教育项目后认为,有效的教育项目必须遵循七大原则:(1)针对最需要的贫困儿童;(2)及早开始干预;(3)提供涵盖健康、教育、家庭咨询等领域的综合性服务;(4)提供补偿性的高质量教学;(5)由训练有素的专业工作者提供服务;(6)提供高强度的服务;(7)实施问责制。[②] 而提前开端项目恰恰是对这七大原则的最佳诠释,既赢得了贫困家庭的好评,又促进了美国社会的教育公平,堪称美国学前教育的"国家实验室",并被誉为美国学前教育史上"最大众化和最成功的联邦项目之一"[③]。

英国确保开端项目是受美国提前开端项目影响,并与其性质类似的全国性大型学前教育推进项目。该项目启动于1998年,以家庭为切入口,以社区为依托,面向早期儿童及其父母,旨在通过综合的学前教育、儿童保育、家庭支持、医疗保健等综合的早期服务活动,为儿童及其父母创造更好生活的"良好开端"。从基本定位看,确保开端项目强化学前教育的公共性价值,向3~4岁儿童提供免费服务;将服务对象首先定位于处境不利儿童,通过提供全面、整合式优质服务,促进儿童及其家庭的共同发展,确保每个儿童获得最好的人生开端;强调家庭的作用,关注家长的需要,并积极倡导家长及家庭的全面参与;关注社会和谐的需要,将减少儿童贫困和社会融合作为重要目标。从举办机构看,确保开端项目的主要组织机构是获得政府经费支持的确保开端儿童中心,2010年其数量增加到3 500个,保证了英国国内的每一个社区都有一个确保开端儿童中心,[④]

---

① Department of Health and Human services. (2011). Head Start Program Fact Sheet Fiscal Year 2010. [EB/OL]. http://eclkc. ohs. acf. hhs. gov/hslc/Head% 20Start% 20Program/Head% 20Start% 20Program%20Factsheets/fHeadStartProgr. htm. 2011-2-23.

② Neuman, S. (2009). Chaning the odds for children at risk: seven essential principles of educational programs that break the cycle of poverty. New York, Teachers college press. p.66.

③ Beatty, B. (1995). Preschool education in America. NewHaven, CT: Yale University Press. p.193.

④ 确保开端项目官方网站[EB/OL]. http://www. surestart. gov. uk/surestartservices/settings/surestartchildrenscentres 2008-8-10.

为220万幼儿及其家庭提供综合性服务①。从管理体制看，由儿童、学校和家庭事务部(The Department for Children, Schools and Families)及工作和养老金事务部(Department for Work and Pensions)共同负责项目的计划、管理、专项拨款的提供及实施，实行以地方当局为管理核心的跨部门管理体制。从投入体制看，政府投入占有相当大的比重，通过专项拨款等方式为该项目的发展提供坚实后盾和有力支持，拨款数额已从2002—2003年度的6.8亿英镑增加到2010—2011年的19亿英镑。② 从师资发展状况来看，项目中的教师以英国儿童工作者的身份工作于确保开端儿童中心，其薪资待遇高于英国其他保育机构的工作者并享受国家拨款，且资格制度认证严格，培养培训形式多样。确保开端项目现已覆盖英国各地，包括英格兰、苏格兰、威尔士和北爱尔兰在内的所有地区的处境不利儿童及其家庭都已得到了该项目的援助。

印度政府主导的儿童综合发展服务项目启动于1975年，旨在以综合的方式为学前儿童提供服务，确保生活在农村、部落民族和贫民窟地区的儿童正常成长和发展。③ 从基本定位看，该项目向0～6岁儿童提供免费服务，通过综合服务确保处境不利儿童获得享受学前教育的机会和全面发展，并将服务对象惠及与儿童的养育密切相关的妇女等弱势群体，以打破贫困代际传递和惠及更多儿童为长远目标。从举办机构看，该项目的组织机构是儿童综合发展服务中心(印度语为Anganwadi，音：安哥瓦迪，意指少数民族儿童出门就可以得到学前教育服务)④，由印度政府按照严格的人口规模集中设置于贫困地区。截止到2009年3月31日，全国已批准了7 073个儿童综合发展服务项目子项目，全国正在运行的儿童综合发展服务中心数量是1 078 973个，⑤为越来越多的处境不

---

① Sure Start Children Centers. [EB/OL]. http://www.surestart.gov.uk/surestartservices/settings/surestart-childrencentres, 2010-8-10.

② Hakim, C., Bradley, K., Price, E. & Mitchell, L. Little Britons: Financing Childcare Choice [DB/OL]. www.policyexchange.org.uk/assets/little_britons.pdf 2010-10-19.

③ Ministry of Women and Child Development. [EB/OL] http://wcd.nic.in/icds.htm 2008-2-15.

④ 柳倩：《印度儿童综合发展服务项目简介》，载《早期教育》，2007(11)，26页。

⑤ Ministry of Women and Child Development, Government of India. (2009). State-wise details of sanctioned and operational AWCs/ mini-AWCs as on 30.9.2009. [DB/OL]. http://wcd.nic.in/icdsimg/sanoprAWCs300909.pdf 2010-3-16.

利儿童提供综合的学前教育服务。以2007—2009年为例，三年间每年获得该项目营养补充服务的6岁以下儿童都超过了5 800万，参与学前教育的3~6岁儿童人数也超过了3 000万。[①] 从管理体制看，该项目采取的是由中央的妇女儿童发展部负责、其他多个部门共同合作、以邦为单位组织管理、地区提供技术支持、在街区层面实施、地区（社区）提供服务的由上到下各级政府相互协调的管理体制模式。从投入体制看，由印度政府统一规划、统一预算，其经费除一些非政府组织等的捐赠外，主要由印度政府投入，到现在的第十一个五年计划期间，印度政府对该项目的预算继续呈数倍增长，预期达到4 440亿卢比[②]，较之上一个五年计划的1 168亿卢比[③]又增加了尽3倍。从师资发展状况看，该项目教职员工的整体水平不高，政府力求通过压低门槛让更多的妇女进入项目提供服务，并通过灵活多样的在职培训提高服务的整体水平。总之，该项目是发展中国家推进学前教育公平与普及的有益尝试，近40年来，以其宏大的发展规模和傲人的实施成果受到了世界各国和各国际组织的日益关注与高度赞誉。

四、我国“推进农村学前教育项目”亟须借鉴国际经验

“他山之石，可以攻玉。”随着全球化进程的扩展，全球教育制度与教育决策越来越彼此依赖和相互影响。国际教育政策的借鉴与转移（international educational policy transfer）[④]日益成为国际教育合作与竞争的重要内容，推动着世界

---

① Ministry of Women and Child Development, Government of India. (2009). Sate - wise number of children who received supplementary nutrition and no of children who attended pre - school education under ICDS scheme during the last three years and current year. [EB/OL]. http://wcd. nic. in/icdsimg/childbenfno3yearsupto301109. pdf. 2010 - 11 - 19.

② Ministry of Women and Child Development. (2010) Integrated Child Development Services (ICDS) Scheme [EB/OL]. http://wcd. nic. in/icds. htm. 2011 - 2 - 14.

③ Ministry of Women and Child Development. (2010) Integrated Child Development Services (ICDS) Scheme [EB/OL]. http://wcd. nic. in/icds. htm. 2011 - 2 - 14.

④ 国际教育政策的借鉴与转移（international educational policy transfer）指一国教育政策在跨越国界情境中的比较、移植或转移的动态过程，它包括这种外来教育政策或实践被一个国家所改变和调整，继而实施和吸纳的复杂过程。与之相近的概念还有“教育政策借鉴”（educational policy borrowing）、“教育政策扩散”（educational policy diffusion）和“教育政策学习”（educational policy learning）等。参见杨启光：《全球化进程中的国家教育政策转移》，载《比较教育研究》，2009（12），80~85页。

各国的教育革新与发展。随着提前开端项目、确保开端项目和儿童综合发展服务项目等由国家主导的、致力于更加普及和公平的大型学前教育推进项目的频频出台及其成就逐渐进入我们的视野和研究范畴,探讨如何实现我国基本普及学前教育目标已经成为目前的重要任务。这种类似的长期大型推进项目在中国是否可行?我们能否提出解决我国学前教育普及问题的新政策方案,实施具有中国特色的大型学前教育推进项目?

在这样的新形势下,我国政府于2010年7月正式发布了《国家中长期教育改革和发展规划纲要(2010—2020年)》(以下简称《教育规划纲要》)①,赋予了学前教育在现代教育体系中更为重要的位置。如何实现"基本普及学前教育"的战略目标、贯彻"明确政府职责"和"重点发展农村学前教育"的发展任务,并实施以加强关键领域和薄弱环节为重点的"推进农村学前教育项目"成为国家和政府在学前教育发展新10年开启之际重点关注的问题之一。突出"推进农村学前教育项目"对《教育规划纲要》中有关学前教育的论述及其落实的支撑作用,做好项目的研究、论证和建设,通过丰富的前期研究准备和行动实验建立项目借鉴资源库,有着举足轻重的意义和刻不容缓的必要性。"推进农村学前教育项目"的提出是国际社会通过政府力量推动学前教育普及等共同趋势的体现,为我国合理借鉴大型学前教育推进项目的优秀国际经验提供了很好的行动设想。

总之,美、英、印等国已经在追求教育普及尤其是学前教育推进项目的构建与推进方面做出了较为成功的有益尝试,并积累了较为丰富的实施经验,非常值得我国在"推进农村学前教育项目"的建设过程中深入研究与合理借鉴。中国要建设由国家主导的大型学前教育推进项目——"推进农村学前教育项目",有必要研究其他国家建设大型学前教育推进项目的有益经验并对其总结吸收。

基于上述思考和分析,如何完善我国政府主导的"推进农村学前教育项目",以实现我国"基本普及学前教育"的目标,即构成本研究的原点与归宿。而美、英、印三国在此方面已经做出诸多有益尝试,并积累了较为丰富的项目实施

① 中央政府门户网站:国家中长期教育改革和发展规划纲要(2010—2020年).[EB/OL].http://www.gov.cn/jrzg/2010-07/29/content_1667143.htm.2011-3-29.

经验,非常值得我国“推进农村学前教育项目”深入研究与合理借鉴,由此构成本研究的缘起。

第二部分

笔者通过对已有相关研究的梳理和分析发现,国内外学者已经对提前开端项目、确保开端项目和儿童综合发展服务项目展开了较为广泛的研究,主要从以下几个方面为本研究提供了较好的基础:首先,关于三个大型学前教育推进项目各自的出台背景与发展历程、主要内容,以及经验分析等研究为本研究提供了最为直接和最有针对性的参考与借鉴。其次,已有研究中包含了一部分对三个项目的国际比较研究,研究涉及了项目发起动因、项目目的与宗旨、项目实施机构、项目管理体制、项目投入体制、项目师资建设等多个方面。这些研究无疑为本研究针对三个项目的比较分析提供了较为上位的研究思路与分析框架。最后,已有研究中关于教育政策体系和学前教育指标体系的研究为本研究建立有关项目背景和项目主要内容比较研究的分析框架提供了重要的借鉴和参考。

尽管已有研究为本研究奠定了较好的基础,但通过梳理和分析也发现,现有研究存在一些不足和有待进一步拓展和深入的问题。

一、针对三个项目的国际比较研究较为欠缺,研究的综合性与系统性均有待进一步提升

通过对已有文献的梳理和分析发现,针对一个项目的研究相对较多,针对两个项目的比较研究也有一些,但在三个项目之间进行较为综合、系统和深入的国际比较研究的文献则十分欠缺,尽管有些学者的研究专门围绕提前开端项目和确保开端项目进行探讨和分析,但此类研究普遍缺乏宏观视野与剖析角度,其研究往往以历史性回顾与介绍或即时性评介与展望为主,尚存在较多仍需挖掘的空间。而没有这种具有较高站位和较宽视野的国际比较研究,就很难科学合理地对三个大型学前教育推进项目的背景与内容进行分析与概括,也无法在此基础上进一步总结和提炼出可供我国构建大型学前教育推进项目的有益经验和借鉴参考。

二、对印度儿童综合发展服务项目聚焦较少且内容宽泛，有待进一步充实与拓展

已有研究聚焦的是美国提前开端项目和英国确保开端项目等发达国家的大型学前教育推进项目，而对与我国国情相近、可借鉴性较强的发展中国家大型学前教育推进项目的突出代表——印度儿童综合发展服务项目的研究相对较少。特别是目前我国学者对儿童综合发展服务项目的研究更显匮乏，这对我们深入了解和把握儿童综合发展服务项目的发展状况，特别是合理借鉴其经验十分不利，因此该方面的研究亟须进一步充实和丰富。

三、对三个项目详细内容的研究缺乏较为深入、系统的专题性比较分析，以及比较分析整体框架的构建

已有研究中有关于单个项目内容的专题式阐述和评介，如就项目的管理体制、师资发展等某一个方面的内容的研究。尽管就某一内容的研究能够为进一步深入研究提供良好的基础，但此类研究仍停留在简单介绍的层面，缺乏在几个项目之间就项目的主要内容构建一个比较分析的框架，并以此按照不同专题进行较为系统、深入的国际比较研究，从而综合回答每个项目是什么、如何办、由谁管、谁出钱、由谁教等关乎项目实际操作的问题。构建适宜的比较分析框架对大型学前教育推进项目的主要内容进行专题比较研究，对我们深入、系统地把握和分析项目的普遍规律与各自特点，进而概括、提炼相关经验并提出对我国的启示与参考等均极具价值。

四、对三个项目的产生背景、发展历程与实施经验均缺乏较为系统和深入的探讨、分析和提炼、总结，对项目背景和发展历程的比较分析缺乏科学及整体框架的构建

一方面，本研究不仅仅局限于对实施内容的分析与总结，要想对项目有一个全面、深入的了解和把握，就必须将项目的研究向两端双向延伸，即向前延伸——研究项目的产生背景，向后延伸——研究项目的实施经验，全面跟

踪——研究项目的发展历程。而通过梳理已有研究发现,尽管当前关于三个项目内容本身的研究也存在系统性与深入性不足的问题,但对项目创设背景、发展历程与主要经验——即为什么创立该项目,项目的实施内容与该国政治、经济和文化等各种因素之间有怎样的联系,项目实施过程中经历了怎样的变化与发展,以及实施效果所体现出来的宝贵经验与教训如何等一系列问题的关注和研究,无论在数量还是深度上更为欠缺,且在时间上缺乏时效性。另一方面,与研究项目的主要内容类似,对项目产生背景与发展历程的比较研究也需要一个整体框架作为支撑,从而深入地、系统地回答哪些因素导致了项目的产生、项目发展中历经了怎样的路途等关乎项目发展脉络的问题。总之,对项目产生背景、发展历程和主要经验的深入、系统的综合比较研究,是结合我国国情提出建设大型学前教育推进项目的启示与建议时所必不可少的研究参考和基础,需要在本研究中进行全面与深入的把握。

五、缺乏针对大型学前教育推进项目进行比较研究的分析框架的专门建构

比较分析框架是本研究的重要组成部分,以及对三个项目进行深入、系统比较研究的关键前提,已有研究中专门针对大型学前教育推进项目的比较分析框架的关注和研究相对欠缺。尽管在关于教育政策体系、教育指标体系的已有研究中涉及了比较分析框架的论述和构建尝试,为本研究的比较分析框架的建立提供了较为丰富的素材和研究基础,但这些论述或尝试尚处于起步阶段或尝试阶段,带有尝试性和探索性,因此建立适宜的针对大型学前教育推进项目的比较分析框架,成为本研究需要尝试和突破的重要组成部分。

第三部分

在已有研究的基础上,本研究选取提前开端项目、确保开端项目和儿童综合发展服务项目为研究对象,将与其有关的政策与法律文本、相关政府报告、专门的项目报告和研究文献等作为研究的主要参考来源,构建对三个项目进行比较分析的框架,进而展开较为深入、系统的论述,全面探讨、总结三个项目的产

生背景与发展历程、主要内容与经验，并在此基础上提出构建我国大型学前教育推进项目的建议。

一、大型学前教育推进项目的产生背景与发展历程

20世纪中后期开始，以美、英为代表的发达国家和以印度为典型的发展中国家均相继投入大量资金启动了由国家主导的、以学前儿童发展为切入点的、面向处境不利儿童及其家庭的大型、长期学前教育推进项目——提前开端项目、确保开端项目和儿童综合发展服务项目，以大力推动学前教育的普及与发展。这些项目的背后具有怎样的社会政治、经济和思想文化的时代特征？这些时代特征为三个项目的创立提供了怎样的重要背景？三个项目在这样的背景下历经了怎样的发展？项目的产生背景和发展历程是项目主要内容的重要影响因素，因而也成为本研究的重要切入点与研究的主要问题。因此，本研究拟对三个项目的产生背景进行较为系统、深入的探讨与分析，并简要叙述其发展历程，从而为接下来分析、提炼三个项目的主要内容与经验，以及提出对我国"推进农村学前教育项目"的建议与思考奠定重要基础。

二、大型学前教育推进项目的主要内容及经验

对三个大型学前教育推进项目主要内容的深入分析和专题研究是本研究的主体，即三个项目都做出了哪些方面的具体规定并付诸了实践，其具体实施过程与效果中体现出哪些特点等构成了本研究的核心内容。通过对已有研究成果的分析和对学前教育政策体系及学前教育指标体系的认识和思考发现，项目的基本定位、举办机构、管理体制、投入体制与师资发展是对三个项目进行比较研究的五个最核心、最重要的方面，并构成了大型学前教育推进项目比较分析的基本框架。因此，在对三个项目的产生背景进行较为系统、深入探讨的基础上，本研究拟围绕项目的基本定位、举办机构、管理体制、投入体制与师资发展这五个维度和专题，对提前开端项目、确保开端项目和儿童综合发展服务项目的主要内容和经验进行较为系统、深入的比较与分析，进而为大型学前教育推进项目实施启示的提炼与总结提供依据和基础。

三、大型学前教育推进项目的启示与参考

通过对三个项目的产生背景、主要内容与经验的分析和研究，总结和分析大型学前教育推进项目的主要启示并对我国学前项目的构建进行深思，是本研究的归宿。本研究拟在对三个项目的产生背景、主要内容与经验的深入探究与专门比较的基础上，结合我国学前教育发展的政策机遇和现实需求，概括并提出我国建设“推进农村学前教育项目”的决策参考，这也是本研究的现实意义与价值的重要体现。

由上，本书的分析框架如下：本研究认为一个完整的学前教育推进项目比较分析框架至少应包括两大方面，即项目的产生背景和发展历程、项目的主要内容。其中，项目的产生背景是进行比较分析的重要切入点，细化为政治背景、经济背景和文化背景三个方面；项目的主要内容是比较分析的核心与主体，分为五个方面，即项目的基本定位、举办机构、管理体制、投入体制和师资发展状况。

一级框架：包括两个，即学前教育推进项目的产生背景与发展历程、学前教育推进项目的主要内容。

二级框架：将一级框架中的两大方面进行细化，具体如下：

学前教育推进项目的产生背景：政治背景、经济背景、文化背景。

学前教育推进项目的主要内容：基本定位、举办机构、管理体制、投入体制、师资发展。

三级框架：再将二级框架中的内容进一步细化，主要涉及学前教育推进项目主要内容的下一级框架，具体如下：

基本定位：性质、功能；

举办机构：举办主体、机构设置；

管理体制：中央与地方管理权限分配、行政管理部门；

投入体制：经费来源的构成、经费的分配和支出；

师资发展：数量和种类、资质水平、身份待遇、资格制度、培养制度。

四级框架：再将三级框架中的内容进一步细化，具体如下：

性质(是否属于义务教育、是否免费、其他),功能(对幼儿个体、对幼儿家庭、对社会发展与反贫困、其他);

举办主体(国家、个人、其他),机构设置(机构具体名称、机构数量、服务对象、服务内容);

中央与地方管理权限分配(中央政府对项目承担的职责、地方各级政府对项目承担的职责、各级政府间的合作),行政管理部门(中央主管部门及其职责、部门间的合作);

经费来源的构成(中央财政预算支持、地方经费支持、家长交费、社会捐助等其他相关渠道的经费投入),经费的分配和支出;

数量和种类,资质水平(学历及其所占比例、职称及其所占比例),身份待遇(身份、工资待遇及其比例),资格制度(证书类型、证书等级),培养制度。

上述各个维度密切相关,讨论任何一个问题都会涉及其他某个或某几个问题,只是以哪一个为主线和关键点来讨论的区别。虽然各个维度在实践中彼此联系、难以分割,但是为了线索清楚、逻辑明确地阐述上述各方面的问题,本研究仍然尝试把多个方面切割开来,分为四级框架分别讨论学前教育推进项目背景及内容的各个方面。

需要说明的是,本研究所构建的分析框架带有较强的理想主义色彩,不可能将现实中的每一个大型学前教育推进项目都体现在上述各级框架的方方面面。同样,每个项目所涉及的内容也绝不囿于本框架所列。因此,在本研究对三个项目的分析与比较中,某个项目可能会在某个维度或某个方面上没有突出表现,当然也不排除这是由笔者在收集整理资料过程中的缺失造成的。

第四部分

由国家主导的大型、长期学前教育推进项目在国际学前教育领域都不同形式和程度地存在着,但目前学术界对其并没有冠以明确的提法和定义,而本研究为了研究及阐述方便,将此类项目统称为“大型学前教育推进项目”。

项目是一个专业术语,众多国际机构和研究者从不同研究角度和内容方面对其进行了界定。作为国际项目管理权威机构,美国项目管理协会(Project

Management Institute，简称PMI）认为“项目是为创造独特的产品或服务而进行的一种临时性的工作”[①]。《中国项目管理知识体系纲要》中关于项目的定义是：项目视为完成一个唯一的产品或服务而进行的一种一次性努力，该定义与美国项目管理学会的定义基本相同。[②] 德国国家标准DIN 69901认为，项目是指在总体上符合如下条件的唯一性任务：具有预定的目标，具有时间、财务、人力和其他限制条件。[③] 作为研究者，则有不同角度的不同理解。美国学者格雷（Gray，C.）和拉森（Larson，E.）认为，项目是一项复杂、非常规和一次性的努力，受时间、预算、资源以及设计用来满足客户需要的性能规格的限制。[④] R.L.格雷厄姆认为，项目是为了达到某项目标而调集到一起的资源组合，是一项独特的工作努力，即按某种规范及应用标准导入或生产某种新产品或某项新服务。这种工作努力应当在限定的时间、成本费用、人力资源及资财等项目参数内完成。[⑤] 我国学者王德海等认为，项目是在一定时间内为了特定目标而调集到一起的资源的组合，是为了取得特定的成果而开展的一系列相关活动，也可以说项目是特定目标下的一组任务或活动。[⑥] 靳希斌等人认为，项目实质上是一项工作，尽管项目是有组织地进行的，但它并不是组织本身；尽管项目结果可能是某种产品，但项目也不是产品本身，确切地说产品是项目的目的或结果。项目分为投资项目和非投资项目两大类，前者指将一定数量资金或有形、无形资产投放于某种对象形成实物资产，以取得一定经济或社会效益的活动；后者指形成非实物资产的项目，如资产评估项目等。[⑦]

综上，本书对项目做出如下诠释：项目是在一定的经费、人员、组织、设备等资源条件和约束下，为创造某种独特的产品或者服务而进行的努力。教育项目

---

① 杰克·梅瑞迪斯、小塞缪尔·曼特尔：《项目管理：管理新视角》，郑晟等译，220页，北京，电子工业出版社，2002。

② 宋伟：《项目管理学》，2页，北京，人民邮电出版社，2008。

③ 宋伟：《项目管理学》，2页，北京，人民邮电出版社，2008。

④ 克利福德·格雷、埃里克·拉森：《项目管理教程》，黄涛等译，350页，北京，人民邮电出版社，2003。

⑤ R.L.格雷厄姆等：《项目管理与组织行为》，王亚禧、罗东坤译，124页，北京，石油大学出版社，1998。

⑥ 王德海、张晓婉、赵维宁：《现代项目管理的理论与方法》，北京，中国农业出版社，1998。

⑦ 靳希斌、安雪慧、闫国华、周玲：《国际教育援助研究——理论概述与实践分析》，40页，福州，福建教育出版社，2008。

是指国家政策主导下所开展的一系列活动，这些活动必须依托项目载体。学前教育项目即以项目形式实施的综合性学前教育活动，并受到一定经费、人员、组织、设备等资源条件的约束，为创造某种独特的学前教育服务而进行的一系列努力。

具体到本研究所聚焦的三个项目论述如下。

一、提前开端项目

提前开端项目是美国联邦政府20世纪60年代开始实施的，为低收入家庭的儿童在入学前提供综合性服务的学前教育补偿项目。[①] “Head Start”在《朗文当代英语大辞典》中的意思是：（赛马或竞争中的）先起步优势，有力开端；占先。[②] “Head Start”在英文中为体育用语，有两种解释：①提前出发，或优先；②并驾齐驱（赛马中专用）。[③] 此两种解释巧妙地反映了“Head Start”欲达到的目的：让低收入家庭的儿童提前开始接受教育，然后（入小学后）与其他孩子并驾齐驱，有开端、优先的含义。提前开端项目自1965年起由联邦政府与地方当局合作实施，延续至今，被认为是“向贫困宣战”的有效举措之一。[④] 该项目在美国早期儿童教育中占有非常重要的地位，它不仅是最大的而且也是历时最长的联邦学前教育项目。同时，提前开端项目也是早期儿童发展项目以及早期儿童保育和教育的一种模式和实验，它的课程、教材和成人培训策略也间接地帮助了所有环境中的儿童。提前开端已经成为美国最主要的学前教育办学体制（公立系统、私立系统以及提前开端系统）中的一种。综上，基于对“Head Start”翻译的认识与分析，并结合美国《提前开端法案》中提前开端项目欲实现的目标，本书将提前开端项目界定为：提前开端项目是美国联邦政府创设并主导的，旨在通过为处境不利儿童及其家庭提供健康、教育、营养、社会等基于家庭需要的服务，以促进儿童的全面发展，从而提高其入学准备的学前教育综合项目。

---

① 李晓红：《美国“提前开端”计划初探》，重庆，西南大学硕士学位论文，2006。

② 《朗文当代英语大辞典》，807页，北京，商务印书馆，2004。

③ 杨汉麟、周采：《外国幼儿教育史》，539页，南宁，广西教育出版社，1993。

④ 李敏谊：《从开端计划到稳健起步计划：国际社会建设和谐教育的不懈努力》，载《比较教育研究》，2008(4)，37页。

二、确保开端项目

确保开端项目是英国受美国提前开端项目的影响，由英国政府于 1998 年发起的旨在改善贫困地区和处境不利儿童的生活质量、消除贫困和预防社会排斥的行动，并“把它作为政府在 20 年内根除儿童贫困和 10 年内减少一半贫困儿童目标的基石”①。英文“Sure Start”直接翻译成汉语即“确保开端”，它的确切含义是保证每个学前儿童 5 岁以前都有一个好的人生开始，得到良好的学前教育，以使他们的身体、心理、情感和社会适应性得到健康发展。该项目是布莱尔政府大力发展学前教育过程中最先推行的一项改革举措，它以消除社会排斥、促进教育公平为宗旨，以实现儿童全面发展为目标，以弱势儿童群体为政策倾斜对象。近年来，确保开端项目已经成为英国学前教育改革的一面旗帜，同时，它又是一项学前教育改革政策，它所承载和反映出的是布莱尔政府根除贫困、促进社会公平的远大政治抱负。综上，确保开端项目是由英国政府创设并主导的，旨在通过为早期儿童及其服务提供医疗保健、学前教育、儿童保育、家庭支持等服务，为儿童及其父母创造更好的生活，以提高学前教育质量的学前教育服务项目。

三、儿童综合发展服务项目

儿童综合发展服务项目由印度政府于 1975 年正式启动，如今已发展成为全球最大的大型学前教育推进项目之一。该项目向 6 岁以下儿童特别是来自弱势群体和边远地区的儿童提供服务，通过提供儿童学前教育、健康和营养的综合方案带给他们良好的人生开端。大多数学者对该项目进行研究采用的定义都是来自妇女儿童发展部的官方网站（Ministry of Women and Child Development，简称 MWCD）对该项目的定义，本研究也采用了这一定义，即：儿童综合发展服务项目（Integrated Child Development Services，简称 ICDS）是由印度中央政府支持的项目，旨在以综合的方式为学前儿童提供服务，确保生活在农村、部

---

① 确保开端项目官网. [EB/OL]. http://www.everychildmatters.gov.uk/deliveringservices/multiagency-working/glossary/? asset = glossary&id = 22540. 2009 - 8 - 17.

落民族和贫民窟地区的儿童正常地成长和发展。①

综上，本书聚焦的三个项目都具有如下共同特点：有国家的法律法规保障、政府部门的运作管理、国家财政的经济支持、社会舆论的广泛参与等强力支撑，其发展规模、发展质量和发展效果均在国家的主导下得到充分保障。美国、英国和印度通过提前开端项目、确保开端项目和儿童综合发展服务项目，不仅让全国范围内不同地区、不同种族的广大人群参与并享受到了国家提供的免费学前教育服务，而且特别为处境不利儿童建立了公平的教育起点、适宜的发展环境以及良好的入学准备，还为许多不能兼顾工作和家庭的家长解除了后顾之忧，更在一定程度上提高了社会的现实生产力并为未来储备了高质量的劳动力。

基于上述分析，本研究将此类型的项目统一定义为“大型学前教育推进项目”。“大型”凸显项目的国家主导性和规模性，三个项目均是实现各自国家学前教育政策和战略目标的重要手段之一，其发起都与各自国家政策变化相关联，都是配合国家学前教育政策和战略计划而确定和实施的，被视为国家处理学前教育政策变化的一种方法，但本书出于行文简练的考虑，在标题中省略了“大型”二字。此外，之所以在界定中加上“推进”二字，在于：其一，“推进”二字形容事物处于向前运动的状态，而本研究所聚焦的三个项目自创立以来一直处于不断地发展与完善过程中，恰恰具有向前运动性；其二，三个项目均致力于推进处境不利儿童学前教育的普及与发展，“推进”可谓其目标。

① Ministry of Women and Child Development. [EB/OL] http://wcd.nic.in/icds.htm 2009 - 2 - 15.

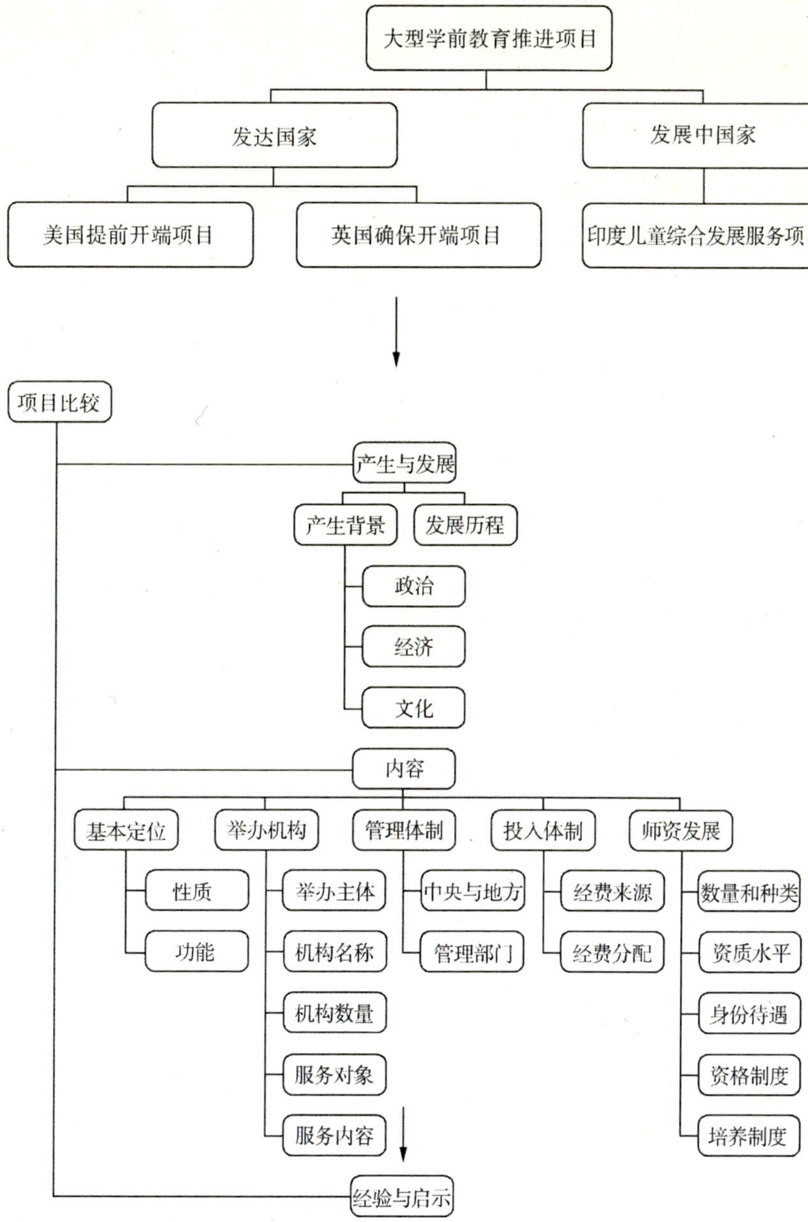

学前教育推进项目分析框架图

第一章 美、英、印学前教育推进项目的产生与发展

"离开社会背景的深刻变革,教育的或文化的改革永远不可能进行"①。美、英、印学前教育推进项目的产生也不例外,必然与整个社会的政治、经济、文化等多种因素——国际、国内政局的变化与挑战,经济发展对人才培养提出的新要求,以及世界学前教育思潮和相关研究的进展与成果等因素息息相关。此外,列宁曾指出,研究社会科学问题,应"不要忘记基本的历史联系,考察每个问题在发展中经过了哪些主要阶段,并根据它的这种发展去考察这一事物现在怎样"②。提前开端项目、确保开端项目和儿童综合发展服务项目在具体发展过程中,又因各自国家政策或现实状况的不同而呈现不同的特点,三个项目的发展历程都对现在及未来学前教育的发展方向产生了重要影响。

本章通过梳理并分析三个项目的产生背景与发展历程,尝试归纳每个项目的历史演变脉络,以期为概括项目的主要内容、提炼项目的经验,以及为我国学前教育推进项目的构建提供参考和借鉴。

第一节 美国提前开端项目的产生与发展

本节首先以政治、经济和文化这三个角度为切入点,探索提前开端项目产生的背景。其次,根据该项目的发展特点,将其发展历程分为四个阶段——20世纪60至70年代的起步阶段、70至80年代的低谷阶段、80至90年代的振兴

① 埃德蒙·金:《别国的学校和我们的学校——今日比较教育》,王承绪等译,443页,北京,人民教育出版社,2001。

② 列宁:《列宁选集·第四卷》,43页,北京,人民出版社,1972。

与发展阶段、90 年代至今的新发展动向阶段，并逐次论述。

一、提前开端项目的产生背景

提前开端项目的诞生与美国的政治、经济和思想文化休戚相关。20 世纪中后期，国际竞争的加剧和美国国内政局的变化客观上为该项目的诞生提供了政治环境与准备，美国经济发展对人才提出的新渴求与国内贫富差距扩大之间存在的矛盾为该项目的产生提供了经济上的保障和需求，儿童发展理论的新进展为该项目的产生奠定了理论上的基础与支撑。

（一）政治：国内外政局变化酝酿政治环境

1. 美苏争霸促成美国教育改革

第二次世界大战后，美苏势均力敌，世界进入“冷战”时期。对“冷战”的分析“是理解战后美国政府、社会行为和教育政策的第一把重要的钥匙”①。1957 年，苏联人造卫星的成功发射震惊了美国上下，美国不仅开始质疑与担忧国家安全，而且认识到其科学技术领域的领先地位受到了威胁，这直接促成了美国教育领域的一场大刀阔斧的改革。

1958 年，艾森豪威尔（Eisenhower, D.）政府颁布实施了《国防教育法》（National Defence Education Act），提出“加强国防并鼓励和援助教育方案的扩充和改进，以满足国家的迫切需求”②。该法案以立法形式对教育提出了具体要求，且明文规定政府财政要支持教育改革。1965 年，约翰逊政府颁布的《中小学教育法》（Elementary and Secondary Education Act）规定，向所有处境不利儿童提供补偿教育和财政资助，并要求加大对教育的拨款力度，资助特殊辅助教育中心和服务部门的建立。两大法案都在一定程度上体现出美国政府对教育的财政支持和对处境不利儿童的政策关怀，虽并非针对学前教育而设，但对提前开端项目的问世产生了积极影响。

2. 社会矛盾赋予教育摆脱贫困的新使命

20 世纪中后期的美国，在国际上面临激烈竞争，国内也危机四伏。第二次

---

① 王英杰、余凯等:《美国教育》,133 页,长春,吉林教育出版社, 2000。

② 瞿葆奎:《美国教育改革》,117 页,北京,人民教育出版社,1990。

世界大战后，美国急剧膨胀的人口、风起云涌的反种族歧视运动、愈演愈烈的民权运动等诸多社会矛盾激发了民众对人权平等的极大关注。教育领域也因此掀起了呼吁教育机会均等、提倡摆脱教育偏见、尊重多元文化的运动，"教育被当成了解决所有问题的全能法宝，人们要求教育不仅能为美国的技术进步打下坚实的基础，而且还应该参与解决种族主义、贫穷和其他社会问题。对教育的这种认识导致这一时期与教育有关的计划和项目急速发展"①。人们不仅相信教育是摆脱贫困的途径之一，而且相信一个提供全面性综合服务的学前教育项目可以为处境不利儿童提供免费的"提前"入学机会，帮助他们"提前开始"学习，以促进其将来学业上顺利成功，摆脱贫困的恶性循环。②

3."伟大社会"构想促成提前开端项目诞生

尽管国际、国内都面临巨大的挑战，20世纪60年代的美国仍处于资金相对充足和社会活动较为频繁的时期，约翰逊总统创建"一个伟大社会"(A Great Society)的构想可谓是这一时期时代精神的概括。③ 其核心内容即保障民权，向贫困宣战。为实现这一目标，美国政府于1964年制定了《经济机会法》(Economic Opportunity Act)，其中包含为贫穷成人提供就业、教育和培训服务的社区行动项目(Communication Action Program)，以充分调动社区贫困人群与贫穷做斗争的行动意识，提前开端项目作为该项目的补充而诞生，且该项目在后来出其意料地被赞为"约翰逊总统所提出的'伟大社会'改革纲领中最受欢迎、持续最久的遗产之一"④。

(二)经济：经济繁荣与贫富差距催生新诉求

1.繁荣的经济为教育变革提供可能性

第二次世界大战后，美国经济得到了极大的发展，尤其在1950年到1970年，人均收入呈持续增长趋势：1955年人均收入为2 027美元，1960年增长至

① 史静寰：《当代美国教育》，19页，北京，社会科学文献出版社，2001。

② 林秀锦：《美国的早期保育与教育》，69页，南京，江苏教育出版社，2006。

③ 提前开端项目官网.[EB/OL].http://www.americanrhetoric.com/speeches/lbjthegreatsociety.htm.2009-12-09.

④ Valora Washington. &UraJean Oyemade Bailey.(1995).Project Head Start A7odels and Strategies for the Twenty-First. New York & London: Century Garland Publishing Inc. p.12.

2 157美元,攀升了19.2个百分点。到1965年和1970年,人均收入分别增长至2 549美元和3 050美元,在60年代的10年间增长了41.4%。①（见图1－1）持续、稳定和快速增长的经济为教育领域的变革奠定了基础。

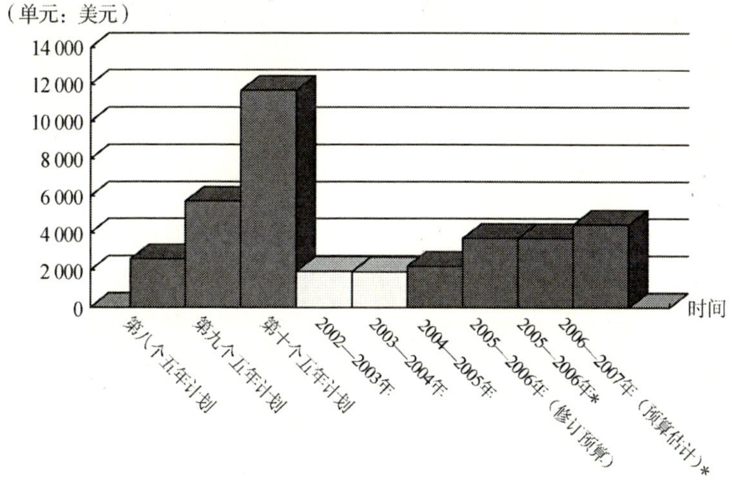

图1－1　1955—1970年美国人均收入变化

2.“反贫困战争”寄予学前教育新希望

在经济快速增长的同时,美国的贫困现象依然存在,且由于贫富差距的拉大而愈加恶化。据美国官方统计,1964年有1/5的美国人处于贫困之中。② 在这样的情况下,两本举世闻名的著作的问世为美国的“反贫困战争”(War on Poverty)拉开了序幕,促使美国政府开始正视贫困问题,并着手采取扼制贫困的有力措施。

哈瑞·卡迪尔(Caudill, H.)和迈克尔·哈林顿(Harrington, M.)分别在《黑夜降临坎伯兰》(Night Comes to the Cumberlands)和《另一个美国:美国的贫困》(The Other America: Poverty in the United States)中突出强调了美国当时严重的贫困状况以及地区和人种之间的贫富差异。他们的观点激励了无数政策制定者、学术研究者致力于寻求消除贫困的有效方法,纷纷把打破贫困恶性传

① Maris A., Vinovskis. (2005). The birth of Head Start: Preschool education policies in the Kennedy and Johnson administrations. Chicago: University of Chicago Press, p. 5～6.

② Maris A., Vinovskis. (2005). The birth of Head Start: Preschool education policies in the Kennedy and Johnson administrations. Chicago: University of Chicago Press, p.6.

递的希望寄托于教育，号召联邦政府采取综合措施为贫困儿童提供教育服务。由此，作为人生起点的学前教育引起了政府的格外重视，试图改变贫困幼儿受教育的状况，进而改变其人生轨迹的提前开端项目应运而生。

（三）思想文化：社会分层理论和儿童发展理论等奠定理论基础

提前开端项目的构想提出后，心理学、社会学、儿童医学等方面的14位专家参与到项目的设计、制定与实施工作中，集思广益，从多个层面分析了该项目的开展与前景，他们赞同社会分层（social stratification）理论的观点并支持儿童发展观的变化，认为教育在社会分层和贫困代际循环中起到关键作用，同时也认为精神上的缺陷很大程度上是由于早期教育环境刺激的缺乏导致的，进而将项目关注的焦点集中于处境不利幼儿与精神缺陷儿童教育权利的享有。由此看来，相关研究成果为提前开端项目的实施奠定了重要的理论基础。

1. 社会分层理论坚定了政府干预学前教育的决心

所谓社会分层是一种根据获得有价值物的方式来决定人们在社会位置中的群体等级或类属的一种持久模式。[①] 换言之，社会分层就是依据一定标准把社会成员划分为不同层次的过程，它是客观存在的一种社会现象，也是一种分析和研究社会现象与结构的方法，无论各国政治、经济发展到何种程度，社会分层都是客观存在且对社会个体的发展产生深远影响的。韦伯（Weber, M）采用财富——经济标准、权力——政治标准和声望——文化标准这三个指标体系来划分社会阶层。而无论在哪个指标体系中，教育作为一种资源或者重要的地位获得机制，都是不可或缺的指标之一。

美国人认为教育是获得平等经济机会、遏制社会分层的重要手段。学前教育作为基础，是教育公平的起点，为儿童做好入学准备有助于消灭贫困，避免社会分层。这样的理论假说在一定程度上为提前开端项目的制定和实施提供了理论支持。

2. "环境决定论"等推动掀起"反贫困战争"和补偿教育运动

心理学的研究成果历来是发展学前教育的科学依据。20世纪50年代中后

① 戴维·波普诺：《社会学》，李强等译，239页，北京，中国人民大学出版社，1999。

期至60年代,“环境决定论”开始向“遗传决定论”提出挑战。有研究证实了环境对人的发展有着持久的影响力。学者J. 亨特(Hunt, J.)在其1961年出版的《智力与经验》(Intelligences and experiences)一书中强调了环境与教育对儿童发展的作用。在肯定环境作用的基础上,他还提出了文化剥夺理论(culture deprivation),认为“不管哪个种族,那些教育水平低、社会经济地位低的父母,他们的孩子的智商往往处于劣势,这种劣势在上幼儿园时或在五六岁上一年级时就已经非常明显了……这些不足之处使孩子们一开始就处于劣势的起点,并且往往会限制他们在以后学习中的竞争优势”①。文化剥夺理论表明,穷人们需要接受教育。另一位学者本杰明·布卢姆(Bloom, B.)在1964年发表了《人类特征的稳定与变化》(Stability and Change in Human Characteristics),通过大量纵向研究得出了与亨特不谋而合且更进一步的结论,认为“从怀孕到出生后9个月之间儿童智商的发展跟他们从3岁至12岁之间的智商发展一样重要,一个人的总体智商从怀孕到4岁时的发展跟4岁到18岁时的发展同等重要”②。亨特和布卢姆的观点是儿童发展观的突破,为人们探寻贫困根源提供了有力的思想武器,适应了当时反贫困战争和补偿教育运动的社会需要,并为其提供了主要理论依据。其他学者也进行了有关“美国贫困问题探索”(the Discovery of Poverty in America)的研究,对贫困儿童的学前教育给予了很大关注。如1962年在阿尔丁召开的全国贫困儿童学前教育环境研讨会和1964年召开的有关文化剥夺教育的芝加哥大学会议,都探讨了贫困儿童面临的困难:来自低收入家庭的儿童通常缺乏认知、社会性和身体等方面的刺激与经验,而这些刺激与经验又与儿童在小学一年级的成功学习密不可分。如果儿童在进入正式学校学习前,通过学前教育的补偿和干预而获得这些经验,那么由贫困造成的许多问题就可以得到缓解或补偿。如果在儿童生命早期给他们提供充分的教育和社会化机会,就能促进他们的智力发展,并最终打破贫困恶性循环。这些理论研究在时

---

① Maris A., Vinovskis. (2005). The birth of Head Start: Preschool education policies in the Kennedy and Johnson administrations. Chicago: University of Chicago Press, p. 10.

② Maris A., Vinovskis. (2005). The birth of Head Start: Preschool education policies in the Kennedy and Johnson administrations. Chicago: University of Chicago Press, p. 11.

间和内容上与肯尼迪(Kennedy, J.)和约翰逊总统的政治目的和政治需要达成了一致,奠定了提前开端项目创立的理论基础。

综上,在国际、国内的政治、经济和文化方面的影响下,约翰逊总统在1964年1月8日发出了“向贫困宣战”(War on Poverty)的口号,声明要无条件地开展“反贫困战争”。同年,联邦政府又颁布了《经济机会法》并成立经济机会办公室(Office of Economic Opportunity,简称OEO)。1965年秋,美国联邦教育总署根据《经济机会法》制定了提前开端项目,着手对处境不利儿童进行教育补偿。

二、提前开端项目的发展历程

提前开端项目发展至今已有40多年,其历史演变过程大致可以分为以下四个阶段。

(一)开始起步与蓬勃发展:1965—1969年

从1965年第一个夏季项目开始实施,直至1969年质疑并否认提前开端项目成效的《威斯汀豪斯报告》(Westinghouse Report)公布为止,此阶段为提前开端项目的起步与初期发展阶段,也是该项目历史上进展最迅速、反响最强烈的一个重要时期。

1. 正式启动:法律和规划委员会共同促成项目诞生

(1)《经济机会法》提供法律支持与保障。20世纪60年代初期,联邦政府重新审视了哈林顿在《另一个美国:美国的贫穷》中提到的问题,并做出回应,肯尼迪总统指出“对成人贫困和依赖性的预防必须从其抚养的儿童开始”。在此基础上,以约翰逊总统为代表的联邦政府于1964年8月颁布了《经济机会法》,并成立了被誉为“对抗贫困的主要武器”的经济机会办公室,声明要无条件地开展“反贫困战争”,且这场“战争”将“不再仅是缓解贫困的症状,而是消除贫困,最重要的是要预防并阻止贫困”。尽管此法案并没有直接授权建立提前开端项目,但其确实指引着联邦政府更加关注贫困儿童,要求掀起一场以城市贫民窟幼儿、印第安人居留区幼儿等处境不利儿童为对象的教育运动。

(2)规划委员会提供专业性提案与理论支持。经济机会办公室作为联邦政府“反贫困战争”的执行机构,受到了约翰逊总统的高度重视,被直接置于总统办公室的领导之下。1964 年 10 月,萨金特·施瑞弗(Shriver, S.)被任命为办公室主管,他在任职期间促成了提前开端项目的创立。

施瑞弗认为“贫困儿童比他们的父母受害更深。因此,消除贫困的战争将会使儿童受益更大……这是一场所有美国人都要参与的战争”①,并于 1964 年 12 月把学前教育列为经济机会办公室资助的重点项目,获得了良好的社会反响和专家肯定。此后,施瑞弗成立了以霍普金斯大学医学院主任罗伯特·库克(Cookie, R.)为首的专家小组,作为政策研究和咨询机构,并在吸收和采纳专家们的研究与工作成果的基础上,于 1965 年 1 月向总统夫人汇报了创立提前开端项目的构想,从而获得了来自白宫的支持,为提前开端项目铺平了实施与推进的道路。

资深儿科专家和提前开端规划委员会主席库克和他的专家团队为提前开端项目赋予了灵魂和思想,并将其导入科学化发展的道路。规划委员会于 1965 年 2 月提出了著名的“库克备忘录”,指出学前教育的努力和成就是综合性的,包括健康、教育和社会服务,这样的项目能够把提供给经济状况良好儿童的机会和经验补偿给贫困儿童,并以此构建了提前开端项目的理论框架和设计蓝图,“库克备忘录”由此成为该项目的纲领性文件。

1965 年 7 月,第一个夏季提前开端项目正式启动,同年 9 月,联邦政府开始资助一年期的提前开端项目。这种综合性的儿童发展服务模式赢得了国会、两党和各界专家的一致认可与高度赞誉,获取了社会群体尤其是广大低收入家庭的强烈支持和热情拥护,提前开端项目从此进入蓬勃发展阶段。

2. 初期规模与发展:因其趋于综合的服务扩展为一年期项目

(1)目标:提高低收入家庭儿童的社会能力。根据“库克备忘录”的内容,提前开端项目最初的总目标是提高低收入家庭儿童的社交能力(social competence)——儿童在当前环境及将来的学校和生活环境中处理学习与工作事务的日常效力(Everyday Effectiveness)。在总目标之下还有 7 项具体目标:“第一,提高儿童的健康水平和肌体能力。第二,通过鼓励儿童的自信心、好奇心、自发和

① Edward Zigler & Susan Muenchow. (1992). Head Start: the Inside Story of Educational experiment. Basic Books, A Member of the Perseus Books Group, America's Most Successful. p. 3.

自律行为，促进他们的情感和社会性发展。第三，特别关注儿童的概念和语言技能，促进他们的智力发展和技能进步。第四，建立儿童模式并期望儿童成功，为他们将来的学习创造一种自信的氛围。第五，提高儿童与他人积极进行沟通的能力，加强家庭力量，使家长积极主动地与儿童沟通。第六，培养儿童和家庭对社会负责的态度，鼓励贫困者与社会共同解决贫困问题。第七，增强儿童及其家庭的自尊和自我价值意识，培养他们的自尊心。”①

(2)服务内容：集教育、健康、社会及家长参与服务于一体。提前开端项目不仅仅是一个普通的学前教育项目，还是一个促进儿童全面发展的综合性项目，不仅要满足儿童的身体需要、智力发展需要，还要通过与贫困儿童家长的互动来满足成人对社会服务的需求，遵循“一个完整的儿童”的理念开展教育服务、健康服务、社会服务及家长参与服务。

(3)主管部门：经济机会办公室。建立之初，提前开端项目的主管部门是经济机会办公室，然后由其成立专门的提前开端项目管理部门，负责该项目的政策制定、日常事务管理、机构审查批准及资金下拨等工作。在该部门之下，提前开端项目的管理分为区域管理机构、参与机构和授权代理机构三个层次，分别负责项目政策的制定、落实和具体服务的提供。

(4)实施进展：从夏季项目发展为一年期项目。夏季项目的实施结果极大地鼓舞了人们对提前开端项目的信心，实施一年期项目的步伐得以加快。一年期的提前开端项目除了在时间上把项目从 2 个月增加到 10 个月，还在费用方面比运行夏季项目增加了 5 到 7 倍，在内容上与夏季项目没有太多不同。

3. 评估与挑战：过于关注智力早期开发为项目推进埋下隐患

提前开端项目的蓬勃开展一方面赢得了社会各界的广泛关注和赞誉，另一方面也引发了各界对项目实际效果的冷静思考。苏联发射人造卫星带来的科技压力使国家将儿童发展的重点放在智力的早期开发上，多数研究都集中于儿童认知能力的发展，儿童身体、社会性和情感发展被忽视。许多针对提前开端项目效果的评价方案只将 IQ 的变化作为衡量标准，如果儿童离开提前开端项

① 刘彤：《美国“开端计划”历程研究》，保定，河北大学博士学位论文，2007。

目进入小学以后的几年中 IQ 成绩有所下降，观察家就认为提前开端项目方案完全失败了。[①]

1969 年，经济机会办公室委托威斯汀豪斯学习集团和俄亥俄大学进行的项目评估报告——《威斯汀豪斯报告》肯定地断言：提前开端项目的确能使儿童的智商提高，但是这种效果到三年级就会消失，"提前开端项目已不能给儿童提供广泛的认知和情感提高……也不能把它的成效阐述成令人满意的事情"[②]。这一报告的否定观点引起了人们对提前开端项目的怀疑，平抑了政策制定者和公众最初对提前开端项目的那种热情，使该项目进入遭遇曲折和力图改进的阶段。

（二）遭遇低谷与改革创新：20 世纪七八十年代

从 20 世纪 60 年代末期开始，受到《威斯汀豪斯报告》等的影响，提前开端项目的发展陷入被缩减甚至被取消的困境。不过，在 1970 年接管项目的新任领导人爱德华·载格勒（Edward Zigler）的带领下，提前开端项目努力适应社会发展的需要，并针对自身问题进行了积极的改进与创新，制定了严格的绩效标准，开展质量检查和评估，加强创新实验，使该项目既成为提高贫困儿童素质、消除社会贫困的重要途径，又成为引领和推动全国学前教育发展与创新的实验室。20 世纪 70 至 80 年代成为提前开端项目发展史上一个从遭遇低谷到改革创新的重要时期。

1. 遭遇曲折：《威斯汀豪斯报告》带来的消极影响

《威斯汀豪斯报告》的研究结果影响了提前开端项目的财政投入，联邦政府决定从 1972 年开始逐步清除提前开端项目："第一年删减三分之一，第二年再删减三分之二，第三年清除所有项目。"[③]该项目由此进入低迷冷冻时期。

2. 力图改革：管理方式、教师发展等方面的革新

（1）专管部门变化表明项目重心向促进儿童发展倾斜。尼克松（Nixon，

① 周采：《美国提前开端项目的现状与趋势》，载《比较教育研究》，2001（10），49～50 页。

② Edward Zigler & Susan Muenchow. (1992). Head Start: the Inside Story of Educational experiment. Basic Books, A Member of the Perseus Books Group, America's Most Successful. p. 70.

③ Edward Zigler & Susan Muenchow. (1992). Head Start: the Inside Story of Educational experiment. Basic Books, A Member of the Perseus Books Group, America's Most Successful. p. 80.

R.)总统上任后,建议修订和拓展《经济机会法》,改变经济机会办公室的职能,“经济机会办公室的新角色应该是进行创新性的实验研究与示范,而不是像一个较为传统的机构那样,自己管理大规模的反贫困项目”[1],并宣布了有关提前开端项目管理的特别规定,把该项目转交给健康教育福利部于1969年4月9日成立的儿童发展办公室(Office of the Child Development)负责。这一决定表明联邦政府希望提前开端项目的重心向促进儿童发展的方向倾斜,同时也表明联邦政府通过提前开端项目整合协调联邦其他儿童项目的愿望和决心。

(2)载格勒的改革奠定了项目引领者地位。载格勒认为不应当终止提前开端项目,而是要修改、补充使之更加完善。他提出了改革的目标和方向,认为提前开端项目应该为所有儿童和家庭提供最好的、最有创造性的服务,要提供一系列的实验性研究,并根据实验结果选取最佳解决办法。载格勒主要从质量机制、项目模式和教师认证方式等几个方面,通过建立绩效标准、创设满足不同家庭需要的更多模式和实行儿童发展协会认证项目等方式进行了改革,从而从根本上提高了提前开端项目的质量保障和实际效果,使该项目与社会需求结合得更加紧密且符合国家为贫困儿童提供高质量服务的目标,奠定了项目作为美国学前教育事业发展引领者的地位。

(三)全面振兴并稳步发展:20世纪八九十年代

20世纪80年代初至90年代末是提前开端项目稳步发展的阶段,该项目在这一阶段不断发展和完善,获益儿童数量逐年递增。在1980—1990年的10年间,参加提前开端项目的儿童从376 300名增加至826 016名。在这一时期,提前开端项目主要采取了以下措施。

1.立法明确发展目标:促进入学准备

为了满足社会发展的需要,联邦政府于1996年修订了颁布于1975年的《提前开端项目实施标准》(Head Start Implementation Standards),使其与《提前开端项目法案》(Head Start Act)一起成为保障项目质量的法律依据。同时,从1998年开始,联邦政府把入学准备作为提前开端项目的工作重点,并将项目目

① Maris A., Vinovskis. (2005). The birth of Head Start: Preschool education policies in the Kennedy and Johnson administrations. Chicago: University of Chicago Press, p. 142.

标修改为：通过向低收入家庭孩子提供健康、教育、营养、社会和其他服务来提升儿童的社会性和认知发展，进而促进其入学准备。

2. 拓展服务项目和服务对象：从 3 ~ 4 岁延伸至 3 岁之前的婴幼儿和孕妇等

1977 年，提前开端项目在 21 个州开展了移民家庭儿童双语教学服务，使那些居无定所的移民儿童在任何一个流动地都能受到教育。1972 年修订后的《经济机会法》将残疾儿童纳入到提前开端项目的服务范围之内，并规定每个提前开端项目的地方项目中残疾儿童比例不能低于 10%，使残疾儿童在获得学前教育方面受到了法律保护。1995 年，提前开端项目又把服务对象延伸到 3 岁以下的婴幼儿和孕妇。

3. 创新服务内容和形式：家长参与成为项目特色之一

提前开端项目一直坚持实施模式创新，自 20 世纪 80 年代末期开始，家长参与成为项目的特色之一。家长经常以志愿者或教职员的身份参与项目服务、管理和监督工作。父亲这个特殊角色也逐渐得到提前开端项目的重视，有关父亲角色的研究和实验也陆续开展并取得了一定成果。

（四）产生新的发展动向：2000 年至今

进入 21 世纪，提前开端项目继续发展，相关部门采取了很多措施确保项目的发展，包括对该项目的重新授权、以立法形式保障其财政拨款、明确各部门职责等；修订项目实施标准、颁布项目监测草案以促进项目质量提升。此外，美国健康与人类服务部还颁布了一份纲领性文件，指明提前开端项目的改革方向——将该项目整合成为向 0 ~ 8 岁儿童提供综合性服务的高质量幼儿保育与教育统一连续体，并强调要关注幼儿的入学准备，促进其长期学业成功。

1. 立法指明改革方向：扩大参与范围，加强监测管理

《提前开端项目入学准备法案》《提前开端项目实施标准》和《提前开端项目监测草案》（Head Start Monitoring Protocol）等重要法规为提前开端项目指明了新的发展动向。

2007 年 12 月，美国通过了《提前开端项目入学准备法案》，以立法的形式给予了提前开端项目 5 年的授权，授权截止日期为 2012 年 9 月 30 日。该法案

还增加了无家可归儿童、流动儿童、身体残疾儿童及母语非英语的儿童参与该项目的机会，扩大了符合参与提前开端项目资格的贫困家庭范围，让更多处境不利儿童加入到项目中。

2007 年，美国国会委托相关机构重新修订了管理所有提前开端项目的规章制度——《提前开端项目实施标准》。实施标准的变动包括教职员资格、培训和儿童每天接受的课堂活动等，修订后的各条款将继续关注提前开端项目儿童的基础性读写、数学和科学技能，同时还将重点放在促进项目儿童的社会性情感发展和身体发育上。

2009 年，美国提前开端办公室公布了《提前开端项目监测草案》，将项目实施标准与其他项目规章制度的要素作为监测基础，并将监测范围划分为 11 个领域，分别是健康服务、营养服务、残障服务、心理健康服务、家庭与社区服务、教育与幼儿发展服务、财政管理、项目设计与管理以及资格、招聘、选拔、招生与考勤。

2. 奥巴马教育蓝图提出更高目标：致力于规模和资金投入的大幅增加

2009 年 1 月，巴拉克 · 奥巴马当选为美国第 44 任总统，上任伊始就表达出建立“从出生到从业的完整且具有竞争力的美国教育”的构想。在奥巴马的教育蓝图中，处于人生起点的学前教育也理所当然地受到了重点支持。“我们都知道，不同的早期儿童教育将对我们孩子的未来生活产生怎样的影响。”①奥巴马着手加大对原有弱势儿童保育和教育项目的财政投入力度，扩大优质教育资源的受惠面，提出了加大学前教育投入的建议，拓展提前开端项目和早期提前开端项目成为其中的重要议题，并把目标具体化为将早期提前开端项目扩大到四倍、增加对提前开端项目的投资及进一步提高项目质量。2009 年 2 月，奥巴马签署《美国复苏与再投资法案》(American Recovery and Reinvestment Act)，提供 50 亿美元用于早期教育项目，包括提前开端项目、早期提前开端项目、儿童保育以及针对有特殊需要的儿童的项目。②

① ［美］教育周刊：《奥巴马的教育蓝图》，范国睿主译，3 页，北京，教育科学出版社，2010。

② 美国白宫官网：［EB/OL］. http://www.whitehouse.gov/issues/education. 2011 - 09 - 05.

第二节　英国确保开端项目的产生与发展

与研究提前开端项目历史脉络的思路类似，本节对确保开端项目的追根溯源按如下顺序展开：首先，从政治、经济和文化的维度分析该项目的产生背景；其次，按照时间顺序和该项目的政策导向，将其发展历程分为两个阶段，即1998年至2004年的早期阶段和2005年至2015年的最新发展期阶段，分别进行探讨。

一、确保开端项目的产生背景

确保开端项目的产生和发展也具有一定的社会政治、经济基础和思想渊源。政治方面，国内改革的呼声与提前开端项目的影响，为确保开端项目的出台提供了政策机遇和借鉴蓝本；经济方面，知识经济的发展使确保开端项目成为提高人才数量和质量的新途径之一；文化方面，兴起于20世纪90年代的学前教育新思潮，使确保开端项目成为政府干预和支持学前教育的新手段。

（一）政治：国内改革呼声和国际经验影响为确保开端项目的出台提供了政策机遇和借鉴蓝本

1. 社会现实需求引发了政府对学前教育的关注与思考

第二次世界大战后，英国学前教育领域出现了越来越严重的问题，在一定程度上为政府学前教育政策的变革及确保开端项目的诞生带来了契机。

第一，保教分离导致的质量低下诉求新的学前教育模式。受自由主义传统的影响，英国学前教育机构的行政管理体制具有特殊性，长期以来分裂为教育和保育两个不同的体系。在属于“教育”体系的学前教育机构，幼儿在园时间较短，大都是非全日制的，而且在假期内不提供服务，但会为幼儿提供比较全面的学前教育。在属于“保育”体系的学前教育机构，幼儿在园时间较长，能够配合家长工作时间对幼儿进行看护，但往往只解决幼儿的生活照料问题，而不能提供适宜的教育。学前教育机构在“教育”和“保育”任务上的分裂，有违幼儿身心发展特点，不利于幼儿的健康成长和学习，同时也造成了学前教育服务发展不均衡和缺乏统一质量标准的状况。[①] 因此,英国学前教育和保育亟待结合,需要制定统一性和灵活性相结合的办学标准,为所有儿童提供适宜发展的高质量学前教育。

第二,社会贫困和儿童贫穷现象获得政府关注和承诺。第二次世界大战后英国社会问题日益严重,父母受教育水平低下和缺乏经济来源导致家庭教育贫乏、恶劣,越来越多的儿童缺乏基本的读写和数学技能,辍学率增高,进而产生了文盲和贫困的恶性循环以及贫困在代际之间的恶性循环。英国财政部1998年的数字显示,大约在每3个儿童中就有1个生活在贫困环境中,这些儿童的家庭总收入往往只达到甚至低于英国人均收入水平的一半。由儿童及其家庭的贫困引发的种种社会问题已经深深困扰和威胁到英国社会的发展甚至安定。鉴于此,英国政府承诺要彻底根除儿童贫困现象。

此外,英国还进行了有关学前教育效益的研究(The Effective Pre-school and Primary Education project, 简称EPPE),研究结果表明:学前教育对于社会和教育的健康发展具有重要的作用。学前教育机构为儿童和家庭提供的托管照料服务不仅具有鼓励就业的功能,而且高质量的学前教育还能够促进幼儿认知和社会性发展,为儿童入学后的学习和成年后的就业奠定良好的基础,可以成功地打破贫困代际循环。而且,对学前教育的投入将获得节约社会资金的回报。学前教育改革作为"非暴力革命",可以作为社会改革的重要手段。[②] 这一方面坚定了英国政府进行学前教育变革的决心,另一方面也为其制定新的学前教育政策提供了理论基础和决策依据。确保开端项目就是英国政府20世纪90年代后期发起的、旨在改善贫困地区和处境不利儿童生活质量、消除贫困和预防社会排斥的行动。

2. 工党执政加快和明确了学前教育改革的步伐与方向

20世纪80年代后期,盛极一时的撒切尔主义颓势初现,英国左派于20世纪90年代东山再起。1997年夏天,工党领袖布莱尔(Blair, T.)成功赢得首相竞选。与保守党相比,工党一贯倡导和重视教育公平,英国历史上数次涉及社

① 刘焱:《英国学前教育的现行国家政策与改革》,载《比较教育研究》,2003(9),13页。

② 刘焱:《英国学前教育的现行国家政策与改革》,载《比较教育研究》,2003(9),12页。

会公平的教育改革无不与工党有着直接关联，可以说，历届工党政府是历次英国教育变革与进步的关键推手。1997 年布莱尔执政以来，工党政府依然将教育放在了首要位置，同时，其倡导实施的“第三条道路”也对学前教育改革和确保开端项目的最终出炉功不可没。

第一，全面提高学前教育的地位。工党政府的施政纲领是：教育，教育，还是教育。政府必须以全方位教育改革为中心，以组织领导者与平等参与者的双重身份，与社会各界有效协调，充分合作，创建学习化文化，以达到不列颠民族的新复兴。布莱尔内阁以教育为中心的新政，为教育改革注入了新动力。作为教育发展策略的一部分，英国政府对学前教育发展给予了前所未有的关注。布莱尔政府第一份施政白皮书《建设卓越学校》(Excellence in schools)的第二条提到：从出生开始提供高素质的教育，建立婴幼儿保育和早期儿童教育服务网，为所有父母提供高素质学前教育保育和教育服务；建设社区卓越教育示范中心，传播成功教育经验；为每个 5 岁儿童提供健康、智力情绪和社会行为发展的全面评估，奠定因材施教和个别辅导的科学操作基础等。① 基于此目标导向，英国政府采取了一系列针对学前儿童尤其是处境不利儿童的改革措施，确保开端项目就是其中最重要的体现。

第二，倡导实现学前教育公平。“如果有人和我们一样相信社会公正，那么给一个孩子提供不好的教育将是最大的社会不公正。”这是“第三条道路”政治主张关于教育公平与社会公平的基本认识，它对英国的学前教育改革与发展产生了重大影响。所谓“第三条道路”是西方新左派为了把自己与旧左派和新右派区别开来，标明自己的理论与实践的创新而使用的标签，其精神实质是走介于自由放任资本主义和福利国家之间的中间道路。② “第三条道路”积极寻求教育领域的“平衡点”，即国家规划与地方自主性之间的平衡，追求优异与教育平等之间的平衡、国家标准与个人需要之间的平衡等。在此基础上，工党政府提出了一系列旨在消弭教育差异、实现教育公平等有利于教育均衡发展的合理的教育主张，例如坚持教育机会的均等、关注薄弱学校和处于不利地位的学生、

---

① Excellence in schools. [DB/OL]. http: www. dfes. gow. uk/wpaper/minex/. htm. 2006 - 8 - 2.

② 马忠虎：《第三条道路对当前英国教育改革的影响》，载《比较教育研究》，2001(7)，50 ~ 51 页。

强调所有学校所有学生的成功等，力求使本国的基础教育走上均衡发展的轨道。[①] “第三条道路”者与撒切尔主义者的区别在于：撒切尔主义者通过提高教育标准来择优汰劣，将“高贵”文化传递给少数精英；而第三条道路者则关注薄弱学校和处于不利地位的学生，帮助他们摆脱困境，提高整体的教育标准。[②] 这些改变都在英国政府的学前教育政策文本和改革实践中不断落实和延伸。

总之，工党政府将教育置于优先地位，针对学前教育政策进行了根本性的改变，使学前教育的地位得到了前所未有的提升，学前教育公平问题也受到了史无前例的重视。可以预见，在这样的政府支持和政策导向下，英国的学前教育毫无疑问踏上了有效变革和迅速发展之路，确保开端项目的深入拓展也愈加势不可挡。

3. 提前开端项目的显著成效引领了确保开端项目的步伐与方向

纵览当代各国的教育政策变革，大多是先形成世界性的教育思潮，然后在此思潮的影响下，各国根据其国情推出作为政府行为的教育改革决策，发达国家在这一过程中总是充当先行者。英美历史关系密切，两国基本政策相互影响，美国提前开端项目对英国确保开端项目起到了很好的引领和借鉴作用。

与当年的美国类似，20 世纪 90 年代中后期的英国也面临着贫富分化、社会排斥、儿童教育缺失等社会困境与教育问题。受此影响，英国决意效仿美国，在对提前开端项目进行深度考察之后，结合本国特点发起了颇具英国特色的“提前开端项目”，即确保开端项目，寄望于推动学前教育公平和质量的提升，进而促进一系列社会问题的解决。

（二）经济：知识经济的发展提出了强化学前教育的新诉求

20 世纪 90 年代后，知识的日新月异让英国逐渐认识到人才的重要，同时也使长久以来遭受忽视的学前教育被重新置于重要地位。此时的英国由于第二次世界大战的影响和美苏的迅速崛起，不仅失去了政治上的雄风，经济发展也很不乐观，英国政府意识到单纯以发展经济而求经济振兴无异于空中楼阁，唯

① 张树德：《新世纪英国学前教育发展的“希望工程”——“良好开端”工程述评》，载《外国中小学教育》，2004(3)，1 页。

② 马忠虎：《第三条道路对当前英国教育改革的影响》，载《比较教育研究》，2001(7)，25 页。

有提高英国国民的整体素质,以人才发展带动经济腾飞才是可行之路。人才素质的提升必然要依靠教育改革与质量的提高,而学前教育作为全部教育的初始环节,具有全局性、基础性和先导性,理应成为教育发展战略的首要步骤和关键环节。由此,英国政府希望通过学前教育政策的改革来提高公共服务质量,以帮助儿童获得最大可能的好的人生开端,以使他们在接受正规教育时,就有了对学习以及取得成功的强烈欲望和能力。确保开端项目正是在这样的知识经济背景下诞生的。

(三)思想文化:世界教育思潮和儿童发展理论奠定了确保开端项目的思想基础与理论支撑

1. 全民教育思想加深了政府实现教育公平要从幼年期抓起的理念

1990 年《世界全民教育宣言》(World Declaration on Education for All)的发表,回应了全球大量儿童失学、教育质量低下和教育不公平等挑战,全民教育(Universal Education)思想由此成为世界教育领域颇具影响力的重要思潮。

全民教育描绘的是教育的对象范围,即教育对象的全民化,教育必须向所有人开放,人人都有受教育的权利。全民教育首先涉及的是所有人都必须接受基础教育。[①] 而目前在世界上大部分国家,基础教育早已纳入义务教育范畴,而作为基础之基础的学前教育却始终被排斥在义务教育之外,从这个角度来看,实现全民教育首先和突出需要解决的是使全体儿童都有机会和权利享受到公平的学前教育。随着全民教育思想的普及,各国学前教育在 20 世纪 90 年代都受到了极大的鼓舞并取得了一定发展,英国也毫不例外地接受了教育要从幼儿抓起的理念,强调扩大儿童接受学前教育的机会,并强化政治意愿,开始着手制定和实施旨在实现学前教育公平的相关政策。

2. 全纳教育思想推动了政府提供基于儿童多样性的综合多元教育方式

1994 年,联合国教科文组织等在西班牙召开了一次主题为“入学与质量”的世界特殊教育大会,提出了“全纳教育”(inclusive education)概念,指出每个儿童都有其独特的个性、兴趣、能力和学习需要等,无论是残疾儿童、流浪儿童、

---

① B, L. (1995). The Concept of Education For All: What Has Happened after Jomtien? International Review of Education. Vol. 41, Iss. 6., p. 537 – 549.

童工、边远地区的游牧民族儿童、少数民族儿童，还是来自其他弱势群体的儿童，都应公平地享有受教育的机会。对教育实施者和教育政策制定者来说，学校要接纳全体儿童，满足他们的教育需要；教育体制的设计以及教育项目的执行都应该考虑儿童不同的特点和需要；既要采纳不同的学习方式和教学进度，也要通过恰当的课程设计、系统的安排、合理地利用教学策略和资源，并与社区合作，保证全体学生都能得到高质量的教育。

要构建全纳教育体系，就必须从学前教育开始实行，这样才能为每个公民提供公平的人生起点。英国的许多政府官员和学前教育领域的专家都认为学前教育干预能减少贫困，消除社会排斥，为构建全纳社会打好基础。确保开端项目被寄予厚望，可以说，该项目的创立是基于这样一种假设：学前教育干预能为儿童做好入学准备并有助于最终消灭社会排斥和贫困，良好的学前教育会使儿童在学校取得学业成功，并最终获得好的工作，这样儿童不仅自身发展良好，避免了社会排斥，同时也会为社会创造更多的财富，有助于全纳社会的建设，也使整个国家在激烈的国际竞争中处于有利位置。

3. 儿童发展理论坚定了政府干预和支持学前教育的决心

与提前开端项目类似，确保开端项目的产生也与儿童发展理论的推动不无关系，前文提及的环境决定论、认知发展理论等在20世纪八九十年代得到进一步发展，对早期经验及适宜环境的强调使得英国政府及民众更加意识到应帮助家庭营造良好的教育环境，从而既能更好地促进儿童获得早期经验与健康成长，也能帮助贫困家庭实现“教育自救”和贫穷的自我预防。这些都坚定了英国政府通过有效教育政策为学前儿童提供良好的学习与成长环境的决心。

综合上述三点，实施确保开端项目的思想和理论基础是：全民教育的实现要从幼年期抓起，而由于儿童的多样性需要对学前教育实施干预，处境不利家庭的儿童通常缺乏认知、社会性和身体等方面的刺激与经验，而这些刺激与经验对儿童在小学学习的成功有着重要影响，如果政府能采取相应措施，为包括处境不利儿童在内的所有学前儿童提供良好的学前教育支持，帮助他们做好入学准备，那么就会使儿童在之后的学校里获得学业成功及未来工作的成功，从而不仅能改变处境不利儿童的人生境遇，避免社会排斥，而且有助于最终消灭社会贫困。

二、确保开端项目的发展历程

在国际学前教育发展形势与英国国内综合社会背景及教育传统的碰撞下，确保开端项目的发展变革既追随国际发展趋势，又在传统的影响下保持和发展着自己的特色。根据英国相关教育政策和法规的导向，确保开端项目的发展可以分为两个阶段，即1998年至2004年的早期和2005年至2015年的最新发展期。

（一）早期：1998—2004年

确保开端项目启动于布莱尔政府执政后不久——1998年，由当时的教育技能部和劳动养老金部共同实施。为了更好地管理和推进该项目，中央政府还成立了专门管理部门——确保开端部（Sure Start Unit），由诺米·艾森斯塔特（Eisenstadt, N.）担任主管。

该项目将服务对象定位于贫困地区处境不利的儿童及其家庭，旨在通过提供全面、整合式的服务，提高儿童生活质量，促进儿童、家庭和社区的共同发展，为儿童提供良好开端，并以此消除儿童贫困和社会隔离。

值得一提的是，在确保开端项目创立之前，英国政府为提高基础教育和学前教育政策的科学性，启动了前文提及的学前教育和基础教育的有效性研究工程（EPPE），组织和支持英国的教育决策者与研究者就基础教育和学前教育政策进行密切合作，从而为政策的制定与实施提供理论指导与参考模板。确保开端项目就是先在EPPE研究工程中进行细致的实验，进而验证该项目是否具有理论上的科学性和可行性，然后根据结果进行充实与完善，据此制定包括项目的目标与原则、内容、经费、培训等相应政策。

1. 目标与原则：整合家庭和社区资源，促进处境不利儿童的综合发展

（1）目标与对象：促进幼儿身体、智力与社会性等多方面的发展。为确保开端项目而制定的《公共服务协议》（the Public Serviee Agreement，简称PSA）具体阐释了该项目的目标。总目标是与父母及即将成为父母的年轻人一起努力，提高儿童尤其是处境不利儿童的体力、智力以及社会能力，使他们能够在家庭中

健康成长,并为将来的学校教育做好准备,打破不利境况的恶性循环。具体又分为以下四个方面:第一,提高儿童社会性与情感能力发展。特别注意加强儿童与父母之间的纽带关系,帮助家庭发挥更好的作用。提早发现并帮助那些情感和行为有障碍的儿童。所有项目地区要帮助和支持产后妇女减少心理低沉状态。保证有两个月以下孩子的家庭与地方项目建立联系,达到100%的指标。第二,促进儿童身体健康发展。特别帮助父母注意产前、产后婴幼儿的身体健康。到2004年,使怀孕期间吸烟的母亲减少10%。为所有父母提供支持和信息服务。所有项目地区要在哺乳、卫生和安全方面给予指导,使0~3岁儿童因肠胃炎、呼吸感染以及严重外伤等急诊的比率下降10%。第三,培养和提升儿童学习能力。重点是创造一个高品质的保育环境,促进儿童的早期学习,提供有益的游戏,促进儿童语言技能,及早识别有特殊需要的儿童并为其提供支持。到2004年,在实施确保开端项目的地区,使有语言障碍的儿童减少5%。所有接受确保开端项目的儿童必须享有高品质的游戏和学习的机会。提高享受项目的所有儿童家庭的图书馆利用率。第四,加强家庭与社区的联系与合作。使所有家庭参加到社区文化建设中,彼此帮助,消除贫困。到2004年,使家中有0~3岁儿童但父母无工作的家庭数减少12%;70%的家庭可以通过自身实例证明为家庭提供的服务品质得到了改进;所有确保开端项目的地方董事会中必须有家长代表;所有确保开端地方项目要有自己的目标,在项目和就业服务中心(employment service job centres)之间建立起联系。①

在以上目标的指引下,确保开端项目成为由政府发起、社区和儿童家长共同参与,主要针对4岁以下婴幼儿特别是处境不利儿童及其家庭,促进婴幼儿身体、智力与社会性等多方面发展的大型学前教育推进项目。

(2)原则与精神:强调家庭及社区的参与及支持。确保开端项目提出,所有活动应该遵循以下原则和要求:吸引整个社区的参与;避免对家庭的污蔑和嘲讽;满足家长需要的一系列主要服务都应易于为家长获得,且要有很好的设计和组织;要向所有家庭更好地提供早期支持;要为家庭提供易于理解的信息和

① 确保开端项目官方网站[EB/OL]. http://www.surestart.gov.uk/2008-8-10.

资源;要与家庭相互协商,共同设计服务,更好地满足当地需要;要以现有服务为基础并对其改进或补充;要保证所提供服务和支持的连续性。[①]

2. 组织与管理:最大限度地吸引整个社区参与

确保开端项目的管理和实施体现了"国家体制,地方管理"这一英国传统。前文已提,为确保项目的正常运行,中央政府成立确保开端部来监管项目的组织与实施,该部门的人员由政府各个部门的代表组成,具体人员由部门总负责人来挑选。地方一级的教育当局可以在参与确保开端项目的合作者中指派某一合法组织作为项目负责人,也可以倡议由项目合作者自己组成协会或基金会等负责项目管理。

确保开端项目的管理原则是,无论采取哪种管理方式都应最大限度地使整个社区都参与进来。可以说,在地方上,确保开端项目是由志愿者和社区、保健工作者、地方政府、教育者以及更为重要的合作者——家长共同合作与管理实施的。而中央政府只负责投资,这些投资用来改善 5 岁以下儿童及其家庭的教育和健康服务。各地方的确保开端项目都要提交一个详细、合理、灵活的实施计划,通过这个计划来申请中央政府的资金支持。因为各地情况不同,幼儿和家长的需求也多种多样,所以该项目没有规定实施的统一模式,而是要求地方首先要广泛征求幼儿、家长及有关人士的意见,然后组织有关专家、家长、社区人士及项目工作人员制定出能够满足本地需求、很好地服务本地的实施方案,接着就可以申请政府经费,用于该项目的人员工资、宣传、日常办公、通讯、交通等方面。经费实行法人管理,项目管理人员的支出不能超过经费。这样的规定很好地限制了管理人员滥用职权,在一定程度上避免了贪污公款的现象。此外,该项目注重实行情况的信息反馈,通过评估、民意调查以及倾听反对者意见等方式及时获取反馈信息,并据此研究讨论项目存在的问题和不足,提出整改方案,不断优化项目。

在以上管理和实施原则下,英国政府计划在全国 500 个地区建立确保开端项目,为全国 1/3 的贫困儿童提供服务。

---

① 潘月娟:《家庭、幼儿园、社区教育三结合:英国确保开端项目简介》,载《山东教育》,2002(23),44 页。

3. 服务内容：以教育、保育、家庭支持及医疗卫生为核心领域

确保开端项目既为儿童提供教育、保育、医疗保健等综合性服务，也注重为家长提供参与社会工作的条件和机会。总的来看，该项目的服务内容主要包括学前教育、儿童保育、家庭支持和医疗卫生等。

（二）最新发展期：2005—2015 年

2004 年，确保开端项目的首轮评估结果显示，家长反映最大的问题是他们很难平衡工作和家庭生活之间的关系，主要原因有：第一，儿童保育对有些贫困家庭来说仍较昂贵。第二，孩子出生后，母亲不得不去工作。第三，新生儿父母感到孤独无助。第四，父母担心儿童保育质量。第五，找到适合自己的儿童保育仍较困难。第六，父母由于工作导致照顾孩子的时间不足。这些问题促使确保开端项目必须改革，以适应家长们的需要。[①] 2004 年 12 月，教育和技能部（Department for Education and Skills）与工作和养老金部（Department for work Pensions）联合出台了《父母的选择、孩子最好的开端——儿童保育的十年策略草案》，并向社会公众进行了 3 个月的咨询，根据咨询结果对原草案进行了修改，并最终于 2005 年 3 月制定完成了《父母的选择、孩子最好的开端——儿童保育的十年策略》，把确保开端项目推向新的发展阶段。

1. 提出新目标与原则：提供惠及更多儿童的最好人生开端

最新发展期确保开端项目的具体目标包括：为所有 3 岁幼儿提供免费学前教育，为 160 万儿童提供与学前教育、学校教育和家庭服务相结合的养育机会，在处境不利地区确保把 500 个确保开端项目推进到 1/3 贫困家庭幼儿等。该项目进一步强化了地方政府的作用，要求地方政府选择适合本地特点的项目实施方法，鼓励当地居民参与检查监督，保障项目质量。

最新发展期确保开端项目秉持以下指导原则[②]：

与家长和儿童合作（Working with parents and children）——每个家庭都应该

① HM Treasury (2004). Choice For Parents, the Best Start for Children - a ten year strategy for childcare. [EB/OL]. http://www.hm-treasury.gov.uk/media/D94/AE/cfp_leaflet_020205.pdf. 2010-10-25.

② 确保开端项目官方网站[EB/OL]. http://www.surestart.gov.uk/aboutsurestart/about/thesurestartprinciples2/. 2008-8-10.

获得一系列服务以实现更好的发展,满足其需要并延伸渴望。

为每个人提供服务(Services for everyone)——而非为每个人提供一样的服务。不同地区的不同家庭,同一家庭的不同时期都会有不同的需要,确保开端项目应该能够分辨并满足这些多样需求。

实施的灵活性(Flexible at point of delivery)——所有的服务应当易于获得。例如,开放时间、地点、交通工具、家中其他孩子的照顾等问题都需考虑在内。尽可能让家长只需要通过一次联系就能够获得他们所需的健康和家庭支持服务。

尽早开始(Starting very early)——为幼儿和家长提供的服务应从婴儿出生前第一次检查开始。

尊重顾客和服务透明(Respectful and transparent)——顾客至上,无论服务是否免费。

以社区为中心和专业协调(Community driven and professionally coordinated)——专家应当分享他们的专业意见并倾听当地人对服务重点的建议。这需要通过咨询以及每日倾听家长的看法来实现。

以结果为导向(Outcome driven)——确保开端项目中儿童的发展结果是政府的目标和承诺,政府要为所有的儿童提供良好的人生开端并消除不公。儿童的发展结果聚焦于以下两方面:交流、语言和读写(Communication, Language and Literacy,简称 CLL),个人、社会和情感发展(Personal, Social and Emotional Development,简称 PSE)。确保开端项目的服务目的是使儿童、青少年及其家庭状况有所改善,帮助儿童实现更好的发展结果。①

2. 改革机构与管理:增设确保开端儿童中心和扩展学校作为项目实施机构

从 2006 年 4 月起,地方当局担负起计划和管理确保开端儿童中心的职责,在 2006 年到 2008 年间,教育和技术部向地方当局拨款 18 亿用于建设确保开端儿童中心。到 2009 年 5 月,英国已经有超过 3 000 所确保开端儿童中心为 200

---

① The Governance and Management of Extended Schools and Sure Start Children's Centres [EB/OL]. http://www.surestart.gov.uk/. 2008-08-10.

万家庭提供保育以及健康和养育服务。[①] 项目的另一个增设机构是扩展学校，全国有超过 10 000 所学校提供扩展学校服务[②]。

3. 拓展服务内容：涉及的领域和方面日益广泛

2009 年，据英国儿童、学校和家庭部的调查，参与项目的家长对现有各项服务很满意，但是还有很多家长不知道还可以通过项目获得生育和健康方面的服务。于是，提高确保开端儿童中心的知名度，让更多有孩子的家庭能从儿童中心得到更多的帮助与服务，并帮助儿童中心负责人制定出适宜地方的交流与服务系统——包括综合早期服务、家庭保姆、扩展学校服务、校外保育等，更好地为社区服务，成为确保开端项目在其最新发展期拓展的服务内容。

第三节　印度儿童综合发展服务项目的产生与发展

本节对儿童综合发展服务项目发展脉络的分析依然遵循前两节的路径，首先从政治、经济以及文化这三个视角剖析项目产生背景，然后按照时间顺序从正式启动阶段、扩大和发展阶段论述项目的发展历程。

一、儿童综合发展服务项目的产生背景

印度可谓受古老传统与殖民化统治的共同影响，一方面曾遭受英国长逾百年的殖民统治，在不自觉中就历经了风起云涌的社会政治和经济变革；另一方面又是世界四大文明古国和世界三大宗教的发源地之一，有着千百年积淀的悠久文化传统与宗教习俗，儿童综合发展服务项目正是这种独特而复杂的社会因素综合作用的产物。首先，印度独立前后政局的变化开启了学前教育发展的新时代，从而为儿童综合发展服务项目的诞生酝酿了良好的政策环境；其次，印度

---

① Over 3000 Sure Start's Centers now open. [EB/OL]. http://www. direct. gov. uk /en/Nl1/ Newsroom/ DG_1781. 2010 - 5 - 9.

② Department for Children, Schools and Families. (2008). Departmental Report 2008[EB/OL]. www. dcsf. gov. uk 2008 - 8 - 10.

薄弱的经济基础使得学前教育尤其是处境不利儿童学前教育的发展困境重重，从而使得儿童综合发展服务项目的出台与落实更加迫切；再次，根深蒂固的种姓制度对教育公平的阻碍和国际教育思潮及儿童发展理论的影响，既加深了儿童综合发展服务项目实施的必要性，也为其创建提供了理论支撑。

（一）政治：政局变化与国际支持为儿童综合发展服务项目的出台提供了政策契机

印度政治局势的变化直接影响其教育改革的政策取向。独立之前的印度由于英国殖民统治的长期压迫，国民教育一直得不到重视和支持，教育发展水平极低，学前教育更被贴上了贵族和富人专享的标签。因此，印度学前教育在独立之前的发展极其缓慢甚至停滞。虽然在独立前后饱受局势变幻、社会动荡和党派斗争之苦，但印度学前教育政策的制定和执行却迎来了实实在在的春天。

1. 独立后，开始向学前教育投入关注

第一，开始重视各个阶段教育的均衡发展问题。1947 年独立之前，近 200 年的英国殖民统治对印度社会产生了深刻的影响。英国政府不重视印度国民素质的改善，而是出于精神统治的考虑将培养维持殖民统治和剥削所需人员作为教育目的。至于下层群众，殖民当局则希望他们是没有文化和思想的劳动力，因而对基础教育和中等教育置之不理，导致印度教育结构极端不合理：片面强调培养知识分子的高等教育，基础教育则严重缺失或边缘化，学前教育更是无从谈起。在印度刚独立时，全国高等学校学生有 30 万人，而全国识字人口只占总人口的 16.6%，农村识字人口占 6%，学龄儿童有 60% 不能入学，妇女识字率只有 8.9%。[1] 独立之后，印度政府开始转变教育结构，着手建立合理的学制，并为基础教育发展奠定基础。尼赫鲁（Nehru, J.）政府成立后将教育振兴置于国家政策的重要位置，拨出大量经费发展教育，这对基础教育的改善起到了重要作用。1951 年，印度开始实施第一个五年计划，随后的每个五年计划中，教育都占有一席之地。尽管教育状况在独立后最初 20 年没有发生根本性变化，

---

① 林承节：《印度独立后的政治经济社会发展史》，119 页，北京，昆仑出版社，2003。

但政局的转变仍然给印度国民带来了教育发展的希望。

第二，开始向学前教育投入关注。1944 年，独立前的印度中等教育咨询委员会在其名为《战后印度教育的发展》报告中首次强调了学前教育的重要性，并建议将学前教育作为全国教育系统必不可少的附属成分，但并未付诸实施。[①] 独立前后，在甘地的倡议下，第二次全印国民教育工作者会议于 1945 年 1 月召开，根据甘地扩大基础教育含义和范围的新思想，会议决定将前基础教育（Pre-Basic Education）[②]纳入基础教育范围。前基础教育以 3～6 岁儿童为对象，由学校、家庭和村庄共同组织实施，内容包括养育、卫生习惯、说话、手工、音乐、舞蹈和创造性活动等。[③] 此外，印度独立后残酷的战争和印巴分治导致大量儿童无家可归，工厂雇佣剥削童工的现象非常严重。为此，政府于 1951 年呼吁全社会关心儿童，反对剥削童工。印度政府真正关注学前教育始于 20 世纪 50 年代中期。1953 年，政府成立了中央社会福利理事会（Central Social Welfare Board），其职责是通过志愿机构来促进社会福利活动以及实施妇女、儿童和残疾人福利项目。同年，政府通过了社会福利部关于建立“巴尔瓦迪斯”（Balwadis，一种面向农村的小型学前教育班）的建议。这是政府关心学前教育尤其是农村学前教育的开始。1954 年，该理事会发起了“福利扩展计划”（Welfare Extension Project），提到了学前教育问题。自此，学前教育的发展开始进入印度政府的政策视野，学前教育改革措施逐渐出台并不断完善。

2. 教育政策逐渐向处境不利儿童倾斜

第一，教育政策开始向处境不利儿童尤其是农村儿童倾斜。印度计划委员会（Planning Commission）在其第六次计划框架中提出：“所有儿童在发展的关键几年中应当得到足够重视。学前期是儿童最大限度学习和发展智力的时期，这

① 杨汉麟、周采：《外国幼儿教育史》，564 页，南宁，广西教育出版社，1993。

② 印度泰立米协会（Hindustani Talimi Sangh）开办的杂志《基础国家教育》（Basic National Education）给前基础教育下了一个贴切的定义：“前基础教育是由学校教师和家长以及学校、家庭和农村的团体共同合作开展的，为 7 岁以下儿童各种能力的全面发展而进行的教育。”引自 Sharma，B.（2004）History of Indian Education. New Delhi：Vohra Publishers & Distributors，p. 133～164.

③ 吴式颖：《外国现代教育史》，99 页，北京，人民教育出版社，1997。

一时期有着重大教育意义。”[①]这是政府首次将学前教育纳入关注焦点，其初衷在于满足工作的母亲照顾儿童的需要，以及为生活在贫民窟的孩子提供适宜的成长环境。此时的教育政策逐渐向学前教育尤其是处境不利儿童倾斜。

随着印度经济建设的重点向农村转移，政府更加重视农村学前教育的发展，强调应满足农村 6 岁以下儿童的教育需求，并针对文盲家长不懂学前教育的状况，提出在对学前儿童实施教育的同时，给予其母亲必要的教育。[②] 20 世纪 60 年代，印度开始建立适合农村的学前教育体系，于 1963 至 1964 年间建立了旨在为大多数儿童提供“物美价廉”教育的平民幼儿园。鉴于 0 ~ 6 岁婴幼儿死亡率高、亟须专人照顾的情况，幼儿园教师的主要工作是喂幼儿吃饭及陪伴幼儿，幼儿园的基本课程是个人卫生、晨祷、阅读、计算。有些幼儿园还有一些特殊的活动，如刺绣或园艺，一些体能活动，如跑步、跳跃、散步以及说故事等语言活动。这类学校通常设在不太正式的场所，如大树下、露天庭院里或小学走廊上，设备都很简陋。此外，科萨里委员会（Kothari Commission）[③]于 1964—1966 年对学前教育提出以下目标：到 1986 年 6 月，5% 的 3 ~ 5 岁儿童和 50% 的 5 ~ 6 岁儿童进入学前班，并提出未来 20 年的目标：（1）建立邦和地区层级的教育中心；（2）鼓励开展学前教育实验；（3）鼓励私人企业为建立和运营学前教育中心负责；（4）在小学建立附设的儿童游戏中心；（5）明确邦政府职责；（6）在学前教育领域的各种不同机构之间形成协调机制；（7）开展灵活的培养计划。

第二，将处境不利儿童学前教育项目纳入议事日程。印度较正规、质量较高的学前教育机构一直在城市，为中上阶层子女所专享。为促进教育公平，政府逐步把学前教育的重点放在城市贫困家庭儿童及发生自然灾害的农村的儿童身上，要求对这些儿童实行综合教育。1971 年，国家研讨会（National Semi-

---

① Mohanty, J. (2004). Modern Trends in Indian Education. New Delhi: Deep & Deep Publications PVT. LTD. p. 465 ~ 479.

② 杨汉麟、周采：《外国幼儿教育史》，564 页，南宁，广西教育出版社，1993。

③ 科萨里委员会成立于 1964 年 7 月，当时，在这个由 17 名成员组成的委员会中，有 5 名来自日本、苏联、英国、法国和美国的教育专家，他们是受联合国教科文组织的委托来帮助印度进行教育改革的。由于委员会是由时任大学拨款委员会主席科萨里（D. S. Kothari）博士领导的，故称“科萨里委员会”。吴式颖：《外国现代教育史》，673 页，北京，人民教育出版社，1997。

nar)提出了相关建议：制定与儿童家庭和社区环境紧密相关的学前教育项目，非官方机构应当对扩展后的学前教育负起主要责任等。[①] 1972 年，教育部和社会福利部组织对学前儿童发展进行研究，并在此基础上提出[②]：教育、健康、营养和福利等综合服务对儿童的全面发展十分重要，政府应优先发展学前教育并提供足够资源。到 1981 年，10% 即 500 万儿童能够接受学前教育，应当使来自社会弱势群体的儿童优先进入学前学校。在提供必要设备、材料和地方玩具时采用多种方法，最大程度地动员社区力量促进学前儿童发展。

由此可见，学前教育受到了印度政府和社会力量的重视，但仍然存在许多不容忽视的问题，尤其是处境不利儿童的学前教育问题。印度第四个五年计划(1969—1970 年和 1973—1974 年)报告显示，政府的能力在学前教育领域受到诸多限制，特别是在诸如教师培训等策略性领域需要非政府组织及全社会的共同努力。同时，学前儿童进入学前教育机构的人数达标仍有很大困难。在第五个五年计划(1974—1979 年)报告中有如下阐述：到 1980—1981 年，受益于各种学前教育项目(即教育、健康、营养和福利)的儿童比例应提高到 3 ~6 岁儿童总数的 10%，而当前的受益者大概只有 1%。因此，针对处境不利儿童的学前发展项目应当优先启动。[③] 由此，面向处境不利儿童的大型学前教育推进项目在印度呼之欲出。

3. 国际组织通过资金援助为儿童综合发展服务项目提供支持

联合国儿童基金会支持印度政府采取相应策略减少并防止儿童的营养不良，协助印度政府扩展并增加儿童发展综合服务项目，帮助其加强对儿童教育工作者的培训，并实施以社区为主的儿童早期干预，以改善儿童营养不良、饮用水与维生素缺乏等问题。[④] 儿童综合发展服务项目的资金也有很大一部分来自各国际捐赠机构和组织。

---

① Sharma, B. (2004). History of Indian Education. New Delhi: Vohra Publishers & Distributors. p. 133 ~164.

② Mohanty, J. (2004). Modern Trends in Indian Education. New Delhi: Deep & Deep Publications PVT. LTD. p. 465 ~479.

③ Sharma, B. (2004). History of Indian Education. New Delhi: Vohra Publishers & Distributors. p. 133 ~164.

④ UNICEF. (2010). Early years [EB/OL]. http://www.unicef.org/india. 2007 -3 -20.

（二）经济：薄弱的经济基础对教育提出新使命、新诉求

1. 不断激增的人口使得儿童健康和受教育状况愈加堪忧

印度是世界第二人口大国，据其官方统计显示，截至2009年，印度人口总数为11亿9 800万，在过去100年间增加了5倍。据估计，到2050年，印度人口总数将超过中国[①]，激增的人口不仅使印度目前的经济发展方式变得不可持续，也给包括教育在内的多方面社会因素带来困扰。作为世界上儿童人数最多的国家，印度每年诞生的新生儿数量高达数百万。时至今日，仍有65%的初生婴儿没有获得出生登记，7%的儿童活不到一岁，49%的儿童得不到完整的疫苗注射，5%的儿童死于营养不良，42%的儿童体重过轻，75%的儿童不能上完小学……[②]在生存权利仍受威胁的情况下，让儿童能够健康成长成为政府亟待解决的问题。

2. 落后的农村经济直接导致儿童受教育水平的严重滞后

印度在独立时虽具有一定的工业基础但比较薄弱，全国85%的人口仍依靠农业生存，农业劳动力占总劳力的70%，而相比工业，农业的发展则更加落后和缓慢。在过去几十年中，印度虽然为消除贫困尽了很大努力，也取得了一定成果，但到1998年仍有43%的人口生活在贫困线下。从1973年到1997年，贫困人口的绝对数字始终保持在3亿以上。自20世纪90年代初印度实行自由化经济改革以来，贫困线以下人口呈现增加趋势。据印度计划委员会一位成员的估计，1997年和1998年的贫困人口分别达到了3.49亿和4.06亿。[③] 由联合国支持的“牛津贫困与人类发展项目”于2010年发布的多维贫困指数表明，世界贫困人口中大约有1/4居住在非洲，而在对比非洲26个最贫穷国家和印度同样贫困的省邦时，该机构发现，生活在同等贫困程度中的印度人口要多于居住在

① 印度妇女儿童发展部官网.（2010）.［EB/OL］. http://www.chinadaily.com.cn/hqgj/zbyt/2010-07-12/content_566347.html. 2010-11-30.

② UNICEF.（2010）. Mapping India's Children［EB/OL］. http://www.unicef.org/india/Mapping_India3.swf 2010-3-25.

③ 许建美：《论影响印度基础教育政策的因素》，载《比较教育研究》，2008（10），42页。

撒哈拉以南非洲国家的人口。① 长期的积贫积弱直接导致了印度教育水平尤其是经济更为贫困的农村教育水平的严重滞后，在印度提交给联合国教科文组织第42届国际教育会议的报告中提到："由于社会经济发展的不平衡性增加了在农村地区实施全民教育的困难。目前，仍盛行的一些体现社会不平等的习俗，妨碍了人民获得均等的教育机会。更严重的是，由于经济困难，大批儿童过早地进入劳动市场，以帮助家庭维持生计，童工问题是普遍存在的。"②

（三）思想文化：种姓制度等产生影响，先进教育理念奠定理论基础

与提前开端项目、确保开端项目类似，儿童综合发展服务项目的产生在一定程度上也是由于儿童发展理论与国际学前教育思潮的推动，由于前文对环境决定论、教育公平思想的论述已经较为充分，这里不再赘述，以下论及的儿童综合发展服务项目的文化背景主要指语言和种姓制度、甘地的教育理念和儿童营养干预等环境、思想与理论为该项目的产生所孕育的文化土壤。

1. 多样化语言和根深蒂固的种姓制度对教育公平的实现产生影响

印度千百年的文化积淀已内化为民众稳定的文化心理特征，在历史过程中形成的独特文化、宗教和习俗本身也在积聚着抵制变革的惯性。在这个被称为"被传统束缚的国家"，种姓制度、宗教、民族、语言以及与这些问题相联系的人口爆炸、贫困和童工、辍学等问题形成了一种恶性循环，长期以来一直影响着印度的学前教育政策。

多人口、多民族、多宗教、多语言的特点决定了印度在地区和地区之间、城乡之间、不同种姓之间以及不同性别之间的教育上存在极大差别。一方面，由于历史形成的复杂原因，印度存在着许多民族和各不相同的语言及其分支，根据1961年的普查，有1 549种语言被列为母语，使用较为广泛的被列进宪法的有14种。全国有92%的人说这14种语言。③ 另一方面，千百年来植根于宗教

---

① 印度妇女儿童发展部官网. (2010). [EB/OL]. http://news.ifeng.com/world/detail_2010_07/15/1777089_0.shtml. 2010-11-30.

② 教育委员会政策法规司：《世界教育发展新趋势（1988—1990）（联合国教科文组织第四十二届国际教育会议文件、国家报告选编）》，266页，北京，北京大学出版社，1993。

③ 林承节：《印度独立后的政治经济社会发展史》，183页，北京，昆仑出版社，2003。

的印度种姓制度影响着社会生活的各个方面,在社会发展中形成印度人民根深蒂固的等级划分方式。尽管独立后的印度政府一直将改善表列种姓和表列部落的教育状况作为一项重要政策目标,但位列种姓最底层的人群仍然是社会的弱势群体。语言的多样化和种姓制度的根深蒂固严重制约了印度的发展及其教育公平问题的解决,在学前教育领域,这个问题显得尤为严重,如何从幼年期开始打破语言与种姓带来的教育发展障碍,成为印度政府制定学前教育政策时不得不考虑的关键问题之一。

2. 甘地教育理念决定了印度学前教育的平民式和公平福利化取向

甘地可以称为印度基本教育方法的设计师,他的教育理念是面向贫民、大众、民族的,他认为教育必须更好地结合本地的自然和社会环境,教育要联系学生的实际生活,能满足儿童爱动、好问和探索环境的心理需求。因此,甘地提出其教育主张:教育的前七年是免费的义务教育,学校自我筹措经费,实行母语教育。他强调"做中学"的教学方法,让儿童参与到活动与民族的传统艺术与工艺中,认为这些方法也适用于基础教育阶段以前, 即学前教育。同时,他还认为妇女是儿童的第一任教师。此外,他倡导针对儿童教育应该使用印度丰富的自然资源。① 印度当今学前教育中很多面向大众的公平优先化做法,包括儿童综合发展服务项目的启动与推进,在很大程度上受到了甘地教育思想的影响。

3. 阿玛蒂亚·森的福利经济学及解决贫困儿童发展问题的观点

印度著名经济学家阿玛蒂亚·森长期关注发展中国家和地区的贫困问题,并提出了许多独创性的观点和建议,他关于社会选择、福利分配和贫困的理论等方面的研究成果对全球范围内反贫困问题的研究与解决贫困问题的实践产生了重要影响,更对印度本国的反贫困政策与行动带来了很多启示与推动。近年来,森的研究也对贫困儿童及儿童权利剥夺问题有所关注,在发展与自由、死亡率与不自由、儿童的健康和生存,以及儿童能力的养成与成年能力素质的关系等方面肯定了投资早期儿童对打破贫困恶性循环的意义。② 针对印度儿童权

① Navaz Peshotan Bhavnagri. (1995). An interview with Professor Amita Verma: a leader in early childhood education in India. (Interview). Childhood Education. p. 156.

② Sen, A. (1999). Breaking the Poverty Cycle: Investing in Early Childhood. Paris. p. 96.

利被剥夺的现象，尤其是印度儿童营养不良率在全世界居首的困境，他分析指出，缺乏营养知识、在家庭开支中忽视儿童消费以及缺乏对仍处于贫困线以下的贫困人口提供帮助是造成印度儿童营养不良问题的原因。如果把儿童营养干预拓展到学前儿童，无异于在反贫困低龄化的工作上迈出了一大步，而且还应在此基础上进一步解决胎儿发育不良及孕妇营养不良问题，重视性别对营养不良造成的负面影响。他还认为，将儿童发展的研究范围拓展到儿童早期及胎儿时期，分析导致贫困的原因及后果是反贫困研究的最重要课题。[①] 总之，阿玛蒂亚·森早期的有关贫困及福利的观点对儿童综合发展服务项目的创立产生了积极的推动作用，其关于解决贫困儿童发展问题的观点肯定了该项目对幼儿营养水平、体制能力和脑力的显著提高发挥的重要功效，对项目的进一步推进及具体方向给予了支持与指引。

二、儿童综合发展服务项目的发展历程

与提前开端项目和确保开端项目不同的是，儿童综合发展服务项目的发展并没有明确的分期，其发展是一个逐步壮大和不断累积的过程，从正式启动时的33个街区发展为今天世界上最大的早期儿童教育和保育项目之一，儿童综合发展服务项目经历了从启动到扩大和发展的巨变。

（一）启动：20世纪70至80年代

1974年，印度议会通过了《全国儿童政策》（National Policy for Children）。作为第一个建议为儿童设置系统政策和项目的国家决策，该文件将儿童看作国家“至高无上的财富”，把对儿童的“养育和关怀”看作国家的责任，特别强调“国家要向所有儿童提供充分的服务”，强调以国家政策的形式“在儿童出生前后以及整个成长阶段提供充分的服务，以确保他们身体、情感和社会性的全面发展”[②]，并规定成立“全国儿童委员会”（National Children Board），作为规划、检

① 阿玛蒂亚·森：《阿玛蒂亚·森关于解决全球贫困儿童问题的观点》，刁琳琳译，载《中国发展研究基金会研究参考》，2009(11)，1～7页。

② Ministry of Women and Child Development. (2006). Working group on development of children for the eleventh five year plan (2007－2012)—A report. [DB/OL]. http://wcd.nic.in/ 2008－7－16.

查和协调涉及儿童各种活动的论坛。印度政府意识到儿童的身体、精神和社会发展的基础是在儿童早期阶段奠定的,向幼儿尤其是对处境不利幼儿提供服务将会有效避免或者减少由于婴儿死亡率、发病率、营养不良和学业停滞等所带来的资源浪费。印度中央政府及有关组织致力于探讨把提供给幼儿的服务整合为一体的可能性与可行性。由此,《全国儿童政策》的决策导向、多种社会力量的支持及对印度儿童发展的整体情况进行分析——多种努力最终促成了儿童综合发展服务项目的出台,并由中央政府与各国际捐赠机构共同资助成立了该项目的主要服务机构——Anganwadi(意为"一个庭院")。

1. 目标:重点关注儿童的营养和健康发展

儿童综合发展服务项目是一个针对 0 ~ 6 岁以下儿童的、旨在促进其全面发展的综合项目,具体目标如下:第一,改善 0 ~ 6 岁儿童的营养和健康状况;第二,为儿童心理、身体和社会性发展打下基础;第三,减少死亡率、发病率、营养不良和辍学的影响范围;第四,保证政策得到有效执行,联合各部门共同促进儿童发展;第五,通过适当的营养和健康教育,提高母亲照看儿童的能力。①

2. 初期规模:33 个街区试点的不断扩大

20 世纪 70 年代前期,小型的儿童综合发展服务项目开始为 0 ~ 6 岁儿童、孕妇、哺乳期母亲提供营养、免疫检查、身体保健等多方面的服务。印度学前教育委员会向儿童综合发展服务项目委员会提出申请,建议在重视儿童生理与疾病方面的同时也应考虑儿童的心理与社会发展。经过讨论,1975 年,印度儿童综合发展服务项目增加了为 3 ~ 6 岁儿童提供非正规早期教育的内容。在 1975—1976 年间,印度政府在实验的基础上启动了 33 个儿童综合发展服务项目街区试点。

(二)扩大和发展:20 世纪 90 年代以来

20 世纪 90 年代以来,随着世界范围内学前教育改革浪潮的推动,印度学前教育发展也获得了许多新成果,儿童综合发展服务项目也因此取得了更卓有成效的扩大与发展。从 1975 年启动时候的 33 个街区试点项目发展到今天的

① Early childhood programs in other nations: Goals and outcomes. [DB/OL]. http://www.futureofchildren.org. 2007-7-2.

7 000多个儿童综合发展服务项目以及上百万个儿童综合发展服务中心，无数印度儿童及其家庭见证了该项目的扩大与发展。

与整个印度社会的经济发展一样，儿童综合发展服务项目也是在多个五年计划中逐渐成长壮大起来的。从该项目启动之日到第九个五年计划（1997—2002 年）结束之时，33 个街区试点项目已经发展成了5 652个项目。自此，印度政府开始筹备第一个儿童综合发展服务项目的扩大项目，重点放在提高项目质量上。在第十个五年计划中（2002—2007 年），囿于资源限制，儿童综合发展服务项目没有计划增加项目，但随着政府最低纲领（National Common Minimum Programme，简称 NCMP）的出台及最高法院的支持，该项目在“十五”计划期间仍有两次扩大，2006—2007 年增加到 6 284 个，儿童综合发展服务中心增加到 105 万个；2002 年，实际运行的儿童综合发展服务项目为 4 608 个，到 2007 年已经增加到 5 829 个，实际运行的儿童综合发展服务中心则从 545 714 个增加到了844 743个，接受营养补充的受益人数从 37 510 万增加到 70 543 万，接受项目服务的 3～6 岁儿童从 16 656 万增加到 30 081 万。[①] 在现今的“十一五”计划实施阶段，截至 2010 年，全国已批准了 7 076 个儿童综合发展服务项目，正在运行的儿童综合发展服务中心已达到 124.1 万个。[②]

第四节　三个项目在综合因素影响下历经曲折并不断发展

通过对提前开端项目、确保开端项目和儿童综合发展服务项目的产生背景与发展历程的分析可知，三个项目均诞生于特定的时代背景，且都经历了由不成熟到日益完善的演变过程。从产生背景来看，20 世纪中后期，美国、英国和印度的政治、经济和文化等的国内、国际环境都发生了显著变化，当时当地的多种

① Government of India Ministry of Women and Child Development. Central Project Management Unit. (2010). ICDS - IV PROJECT—Project Concept Note[Revised][DB/OL]. http://wcd.nic.in/ICDS4gl.pdf 2010 - 4 - 22.

② Ministry of Women and Child Development(2010). Annual Report 2009 - 2010. [EB/OL]. http://wcd.nic.in/publication/ar201011e.pdf 2011 - 9 - 16.

社会因素不约而同地要求学前教育政策和体制做出相应的改革与调整，要求美国、英国和印度将学前教育的关注点向处境不利儿童及其家庭有所倾斜，强化政府的学前教育职责，举办由国家主导的大型学前教育推进项目，以应对国际、国内政局的变化，满足经济发展对学前教育提出的新要求，以及顺应儿童发展理论、国际学前教育思潮等的发展趋势。从发展历程来看，三个项目根据产生时间和发展节点的不同划分为不同阶段，其历程也是同中有异、异中有同。例如，三个项目都经历了初创时的相对不成熟及时至今日的日益完善，但在具体发展过程中又因各自国家政策或现实状况的不同而呈现不同的特点，或遭遇冷冻或相对顺畅；三个项目的发展历程都对其现在及未来的发展状况和趋势产生并继续发挥着影响。

一、政治、经济、文化等综合因素影响下的产物

提前开端项目、确保开端项目和儿童综合发展服务项目均诞生于其各自所属国家的学前教育变革中，是在美、英、印三国的政治、经济和文化等各种因素综合作用的土壤中，由三国政府发起和主导的。

（一）政局驱动下的产物和国家主导学前教育的探索

从政治背景来看，首先，三国的国际、国内形势和变化都为三个项目的产生酝酿了政策环境与机遇。分别来看，美苏争霸促成了20世纪60年代的美国教育改革，社会矛盾的激化使人们寻求通过学前教育摆脱贫困，由此，约翰逊总统提出的“伟大社会”构想直接促成了提前开端项目的诞生；在20世纪90年代的英国，社会现实需求促使政府日益向学前教育投入更多的关注与思考，工党的执政使得学前教育改革的步伐与方向趋于加快与明确，而美国提前开端项目的显著成绩为确保开端项目的创立提供了借鉴蓝本；独立后的印度在20世纪70年代开始重视各阶段教育的均衡发展问题，并由此将教育政策向学前教育尤其是处境不利儿童的学前教育倾斜，再加上国际组织的资金帮助，儿童综合发展服务项目得以正式启动。

其次，无论是提前开端项目、确保开端项目还是儿童综合发展服务项目，它们均是由三国政府直接主导和管理的项目。从创立至今，美、英、印三国政府始

终主导着三个项目的创立和发展，不管顺利还是曲折、繁荣还是萧条，都和三国的政策方针休戚相关。三个项目的发展之路也是其各自国家和政府干预学前教育的探索之路，由三国政府通过政策指导、立法保障和财政支持等为三个项目的发展铺平道路并指明方向。

（二）经济发展状况催生下的学前教育变革

从经济背景来看，经济基础决定上层建筑，经济发展的动向、应对经济危机及相应的经济改革往往会引发社会其他诸多方面的变革与发展，进而引起一系列链条式效应，包括学前教育在内的国家教育事业的改革与发展是这一链条上重要而敏感的一环。从三个项目创立之前的三国状况来看，经济发展总体上催生了对学前教育新的诉求，要求进行学前教育政策与机制的变革。更具体地说，经济繁荣与贫富差距的矛盾一方面为美国学前教育的发展提供了经济基础，另一方面也为美国学前教育赋予了打破贫困代际传递的希望；知识经济的发展使英国政府日益重视学前教育的基础性、先导性地位，将学前教育置于国家教育发展战略的首要步骤和关键环节；薄弱的经济基础尤其是落后的农村经济使印度儿童的健康与受教育状况堪忧，促使印度政府日益重视学前儿童生存与教育状况的改善。

（三）科学理论的指导及科学研究的推动功不可没

从思想文化背景来看，科学理论的指导、科学研究的推动以及科学家的直接参与是促成项目创立的重要因素，也是三个项目在后续发展中取得成功的关键所在。具体来看，环境决定论、认知发展理论等儿童发展理论是三个项目产生的共同理论基础，促使美、英、印三国政府意识到应采取措施干预和支持学前教育，通过提供良好的学习与成长环境来促进儿童早期经验的获得与健康成长的实现，确保儿童拥有平等的起点以阻断贫困的代际传递。此外，社会分层理论和文化剥夺理论奠定了美国反贫困战争乃至提前开端项目的理论根基；全民教育和全纳教育等国际教育思潮对确保开端项目的产生提供了一定的思想支撑；根深蒂固的种姓制度和本土学者解决贫困儿童发展问题的观点，对儿童综合发展服务项目形成了一定的综合性文化影响。

总之，美、英、印三国为了满足其本国政治、经济和文化的需要而实施的提前开端项目、确保开端项目和儿童综合发展服务项目顺应了时代和社会发展的潮流，推动了三国学前教育的改革与发展，而政治、经济与文化的综合背景也对三个项目的实施产生了直接影响。

二、历经曲折不断前行的发展过程

提前开端项目、确保开端项目和儿童综合发展服务项目的历史演变时间长短不同，分别已有47年、14年和37年的历史，根据不同的时间节点被划分为各自不同的阶段，分别为提前开端项目的四个阶段——开始起步与蓬勃发展(1965—1969年)、遭遇低谷与改革创新(20世纪七八十年代)、全面振兴并稳定发展(20世纪八九十年代)、产生新的发展动向(2000年至今)；确保开端项目的两个阶段——早期(1998—2004年)、最新发展期(2005年至今)；儿童综合发展服务的两个阶段——启动(1975—1989年)、扩大和发展(1990年至今)。无论走过几个阶段，三个项目都经历了启动时的不成熟和不断发展中的日臻完善，为了分析方便，本书将三个项目的历史演变都概括为两个阶段，即萌芽期和成长期。通过比较发现，提前开端项目历史最久、发展最为曲折，确保开端项目创立最晚却发展最为顺畅，儿童综合发展服务项目无论启动时间的长短还是发展过程的顺利程度都居于前两者之间。

萌芽，顾名思义，即未长成的事物，三个项目在萌芽阶段都存在这样或那样的不足，但又各不相同。提前开端项目在创立初期过于关注儿童早期智力的开发，忽视了儿童身体、情感和社会性的发展，引起了人们对项目效果的质疑，面临着经费被削减而不得不为生存而战的困境，为项目的推进埋下了隐患；确保开端项目在评估其初期发展时发现，难以平衡工作和家庭生活之间的关系成为项目存在的最大问题，英国政府因此做出了适应父母需要的改革，并通过《家长的选择，儿童最好的开端：儿童保育十年战略》的出台将该项目推入新的发展阶段；儿童综合发展服务项目在启动之初只有33个街区试点项目，且偏重于提高儿童的营养与健康水平，表现出规模较小和服务内容及目标较为局限的问题，存在着亟待扩大与拓展的空间。总之，在萌芽期，三个项目只是初现端倪，远未完整和完善。

在成长期，三个项目都通过变革形成了整体框架，其实施内容与惠及范围不断扩大和拓展，并在项目的基本定位、举办机构、管理体制、经费投入和师资发展等方面进行全方位的调整和完善。提前开端项目在20世纪七八十年代进行了管理方式、教师发展等多个方面的改革与创新，使其不仅摆脱了《威斯汀豪斯报告》带来的消极影响，还由此进入全面振兴与稳步发展时期，项目的发展目标、服务对象、服务内容等趋于明确和拓展。进入21世纪以来，该项目又呈现出新的发展动向，即致力于规模和投资的成倍扩大与大幅增加，以确保项目质量的全面提升。确保开端项目在2005年进入新的发展阶段，在目标、对象、机构与管理以及服务内容等方面进行了广泛拓展，使得项目惠及范围和服务质量等不断扩大与提高。儿童综合发展服务项目在20世纪90年代之后取得了卓有成效的扩大与发展，机构数量、服务对象及内容、投入金额、教师地位等方面的改革与发展使其成为当今全球最大的学前教育推进项目之一。

综上所述，三个项目在萌芽期都存在各种问题——如目标和功能模糊不清、机构服务对象和内容过于局限、管理职责层次不分、经费投入缺乏稳定、教师水平普遍较低等；都遭遇了或大或小的曲折——如面临生存危机或不得不寻求改革创新等。在发展期，项目整体框架已基本完整，即都形成了集项目的基本定位、举办机构、管理体制、投入体制和师资发展于一体的综合服务模式，并不断扩大、丰富与完善。三个项目的发展历程表明：美、英、印随着政策的调整、经济的发展、儿童发展理论的推广及国际竞争、交流与合作的增多，都针对各自项目存在的具体问题对其定位、机构、管理、投入和教师等做了相应的调整与完善，努力促进项目的发展。可以说，美、英、印学前教育推进项目的发展是一个受到诸多综合因素影响的、在曲折中不断前行的过程。

第二章　美、英、印学前教育推进项目的主要内容

由对项目产生背景和发展历程的分析可知,三个项目是在美、英、印三国的政治、经济和文化等综合背景因素的推动下出台并不断发展的,且三个项目的内容均涉及并突出体现在项目的基本定位、举办机构、管理体制、投入体制和师资发展这五个方面。本章将结合本书第一部分建构的分析框架,系统梳理与深入分析三个项目在上述五个方面的主要内容,以期深刻把握和概括三个项目实施的主要经验。

第一节　美、英、印学前教育推进项目的基本定位

提前开端项目、确保开端项目和儿童综合服务项目历经数十年发展,形成了有关项目基本定位的表述与阐释,且均有较为一致的认识和表述,如均提供一定年龄段的免费入学,把辅助弱势群体、促进儿童全面发展、做好入学准备和帮助妇女就业、解决社会问题等作为项目的基本任务。与此同时,三个项目又因国情等诸多因素的差异,在基本定位上有着不同的认识和做法,如提前开端项目强调入学准备,确保开端项目面向全体儿童及其家庭,儿童综合发展服务项目重在改善儿童健康状况等。

一、提前开端项目:3 ~5 岁儿童免费,强调入学准备的综合性服务

作为美国规模最大的、第一个针对处境不利儿童的、为儿童及其家庭提供

综合性服务的儿童发展项目[1]，提前开端项目体现出追求教育公平的价值取向，其基本定位表现在以下几个方面：首先，重视学前教育的公共性和公益性，为进入项目中心的3~5岁幼儿提供免费服务；其次，强化教育起点的公平，在实施与发展中体现出保障处境不利儿童基本学前教育权利、为处境不利儿童及其家庭提供必要的资助和扶持的价值取向；再次，基于对儿童获得学业成功的关键因素——营养、健康、情感、社交技能和教育等的理解，致力于通过综合服务改善儿童生活环境并为其做好入学准备；最后，强调家长的知识储备和精力对抚养儿童的不可或缺性，在项目实施中注重家长的参与和家长素质的提升。

综上，提前开端项目整合了国家、学校、家庭等多方面的力量，通过提供综合性免费学前教育服务，使处境不利儿童获得优质的教育资源和成长环境，确保其公平的教育起点，并从各个方面为其入学做好积极准备，进而为其未来的发展和成功提供有力保障。

（一）向3~5岁儿童提供免费服务

作为一个实行地方分权的联邦制国家，美国各州对义务教育入学年龄的规定不尽相同，一般为6岁，多在5~7岁之间不等。[2] 相应地，各州关于学前教育的起止年龄规定及学前教育性质的定位也有所不同。但总的来说，美国的学前教育通常为3~5岁幼儿提供早期教育和保育。提前开端项目也大致如此，对进入项目实施机构的3~5岁儿童提供免费教育。

此外，美国现行学制由学前教育、初等教育、中等教育、高等教育四个阶段构成，但在各州和各学区则以多种多样的形式出现。尽管各州学前教育起止年龄各有不同，但全国都统一将义务教育前一年的幼儿园（kindergarten）[3]教育视作基础教育的第一阶段，将其纳入义务教育的范畴，但同样将5岁儿童包括在

---

① Wainryb, C. Smetanan, J. G. and Turiel, E. (2008). Social development, Social inequalities, and social justice, New York: NY. Lawrence Erlbaum Associates. p. 57.

② Cleveland G & Krashinsky M. (2003). Financing ECEC Services in OECD Countries. [DB/OL]. p. 88, http://www.oecd.org/edu/earlychildhood, 2008-7-21.

③ 本书将美国的学前一年教育机构译为幼儿园(kindergarten)，面向5岁儿童；将面向3~4岁的学前教育机构译为学前班(preschool)；将 pre-kindergarten 译为托儿所。因译文与中文习惯用法有出入，故特此说明。

内的提前开端项目并不在义务教育体制之内。

(二)保障处境不利儿童的学前教育权利

如前文所述,美国少数族裔儿童、贫困家庭儿童以及残疾儿童等处境不利儿童群体,不仅在经济等方面处于劣势,在受教育状况方面同样处境不利。约翰逊总统曾经说过:"所有的美国儿童都不应该因为其出身而被宣判为失败。"[①]在学前教育阶段受到公平的对待,有利于儿童在今后的发展过程中获得公平的待遇,进而有利于教育公平和社会公平的实现。提前开端项目充分体现了为处境不利儿童群体及其家庭提供必要的资助和扶持,保障其学前教育权利的教育公平取向。提前开端项目的诞生就是国家为实现社会公平所做的努力尝试的一部分。[②]

(三)综合性服务改善处境不利儿童所处环境并特别关注入学准备

美国国内认为,学前教育阶段未能为所有儿童的入学做好准备是导致美国教育面临危机的原因之一。自乔治·布什(Bush, J.)总统庄严宣誓,确保"到2000年,所有的孩子都要做好入学准备"之后,美国上下达成共识:儿童的入学准备将是整个民族的优先发展重点。《美国2000年教育战略》及《2000年目标:美国教育法》首次将"入学准备"作为国家教育目标中的首要目标,明确提出学前教育要促进所有儿童做好入学准备。美国国家教育目标小组(National Education Goals Panel,简称NEGP)在《有准备的学校》(Ready Schools)的报告中指出应当在三方面做好入学准备:儿童发展方面的准备、学校为新入学儿童提供的条件、家庭和社区为儿童提供的支持。[③] 并指出:"为了使我们的国家具有竞争力,培养高素质的公民,我们的儿童——特别是那些处于贫困、残疾等状况中的处境不利儿童,必须要做好比现在更充分的准备。这种坚定的信念不是保守

① Zigler, E., &Valentine, J. (ed.). (1979). Project Head Start: A legacy of the war on poverty. New York, NY: Free Press. p.72.

② Ziglert, E., Styfco, S. J. (2004). America's Head Start Program: An effort for social justice. In Social development, social inequalities, and social justice. (ed.). (2008). New York, NY: Lawrence Erlbaum Associates. p.53.

③ NEGP. (1998). Ready Schools. Washington, DC: U. S. Government Printing Office.

派，也不是自由派，不是共和党，也不是民主党，而是全美国上下的一致共识。所有儿童都需要并应该接受科学、数学和技术方面的基础教育，以便将来能够愉快地、有效地生活”。[①] 这里所指的所有儿童是指“来自各种环境和家庭背景的儿童，包括处境不利的儿童，不同种族、民族和不同文化背景的儿童，美国印第安、阿拉斯加土著、夏威夷土著儿童或残疾儿童，英语水平差的儿童，辍学的儿童，移民的儿童以及学习上有天资的儿童”[②]，即提前开端项目所服务的主要对象。由此，为处境不利儿童提供有利的环境，从而提高他们的认知、社会性和情绪情感等方面的全面发展，帮助其做好入学准备——逐渐成为提前开端项目近年来的主要目标。

1994 年由克林顿（Clinton，W.）总统签署的《提前开端法案》、2005 年出台的《入学准备法案》（School Readiness Act）及 2007 年颁布的《2007 年改进提前开端法案》都明确指出其立法宗旨是为了提高入学准备。《2007 年改进提前开端法案》更是以对各学科领域的关注为前提条件，在原有综合性标准和服务基础上关注入学准备，其具体措施包括：①继续坚持提前开端项目的综合性标准与服务；②巩固并加强提前开端项目的教育标准，以促进幼儿语言、读写、数学、科学和其他认知技能的发展；③确保这种标准的及时更新并保证标准的制定与幼儿发展的最新研究保持一致；④通过项目与学校之间更好的协调、共享式教师培训以及课程和国家早期学习标准与幼儿园技能之间的紧密结合，改善从提前开端幼儿到小学生的过渡；⑤终止有争议的“提前开端项目全国报告系统”（布什执政期间对提前开端项目中 4 岁和 5 岁幼儿实施的全国测试）；⑥为家长提供资源支持，使家长能够确保为他们的孩子做好入学准备。[③]

一系列相关法案直接把提前开端项目和“入学准备”捆绑在一起。为了实

---

① 吕达、周满生：《当代外国教育改革著名文献（美国卷·第二册）》，17 页，北京，人民教育出版社，2004。

② 吕达、周满生：《当代外国教育改革著名文献（美国卷·第二册）》，237～238 页，北京，人民教育出版社，2004。

③ Kennedy，E. M. Head Start conference report：Improving Head Start for School Readiness Act. P. 2. [DB/OL]. http://www. whsaonline. org/Improving% 20HS% 20Act% 20of% 202007/key% 20policies% 2011 - 7% 20final. pdf. 2008 - 11 - 7.

现这一目标，提前开端项目为处境不利儿童提供教育服务、健康服务、社会服务和家长服务等综合性服务，以此为儿童提供适宜的学习环境和各种学习经验，为所有儿童提供安全的、有意义的、有吸引力的、快乐的学习环境，帮助他们获得在当下环境中取得成功必备的意识、技能和自信；[①]通过适合儿童年龄阶段和发展阶段的方式推进儿童在身体、智力、情绪情感以及社会性等方面的发展；为儿童提供包括体检筛查、龋齿治疗、营养餐配送等在内的身体、心理、营养等方面的综合性服务；提升家长素质，增强家长对幼儿的理解和教育技能，帮助家长获得关于儿童成长和发展的知识和经验，以实现家长对儿童的更好的教育。

（四）提升家长素质并促进家长参与

提前开端项目的推行者认为，该项目是“关系到两代人”的伟大项目[②]，家长对幼儿的发展是至关重要的，“家长是孩子们最主要的教师之一，也必须参与到这个项目之中”[③]。

基于这样的理念，提前开端项目非常重视对家长的教育和家长的参与，通过为家长提供诸如亲职教育、健康教育、危机干预服务、成人教育、心理健康教育、房屋援助、交通援助、职业培训和英语第二语言教育培训（ESL）等综合性服务提升家长素质，使家长加强健康、营养、药品使用、儿童保育等方面的认识，树立科学的育儿观和教育理念，进而有效地促进儿童全面发展；通过志愿者形式或提供雇用机会将家长直接纳入到项目运营中，参与项目决策与管理、项目课程开发、项目申请书核准、项目人事安排、项目预算开支及项目规章制度制定等。2002 年，提前开端项目志愿者中有 65% 是注册该项目儿童的家长，工作人员中家长也占到了 27% 。[④] 2010 年，提前开端项目教师或志愿者中有 28% 是或

① 提前开端项目网站（2008）．[EDB/OL]．http://www.acf.hhs.gov/programs/ohs/programs/index.html，2008－10－19．

② Zigler，E.，Muenchow，s．（1992）．Head Start：the Inside Story of America's Most Successful Educational Experiment，New York：Basic Books，p. 120．

③ 林秀锦：《美国的早期保育与教育》，74 页，南京，江苏教育出版社，2006。

④ CLASP：Center for Law and Social Policy．（2003）．United States Head Start by the numbers 2002 PIR Profile．p. 2．

者曾经是注册该项目的儿童家长。①

总之，提升家长素质并促进家长参与是提前开端项目非常重要的一个部分，其目标在于：为家长提供成长机会并帮助家长成长，帮助家长在自己的家庭和文化背景下促进幼儿发展，号召团体帮助各种文化背景下的幼儿及其家庭。家长与教职员之间的信任、协作关系的建立使得他们能够彼此分享并互相学习。② 有研究表明，参与提前开端项目的家长更理解儿童且极少使用体罚等手段；对儿童智力、情绪情感和社会性发展的需要更加敏感；更有可能和孩子主动交流，更关注儿童自身发展。③

二、确保开端项目：3～4 岁儿童免费，面向所有儿童及家庭的整合化服务

如前所述，20 世纪 90 年代以来，英国政府和社会各界对学前教育事业的发展给予了高度重视，表现出致力于实现教育公平的改革目标与发展方向，学前教育的公平问题也由此成为确保开端项目的重要着力点。分析发现，确保开端项目的基本定位反映了英国学前教育事业的公平取向，并对其有所加深和突破：强化学前教育的公共性价值，向 3～4 岁儿童提供免费服务；将服务对象首先定位于贫困地区儿童和处境不利儿童，通过提供全面、整合式的优质服务促进儿童和家庭的共同发展，确保每个儿童都获得最好的人生开端；强调家庭的作用，关注家长的需要，并积极倡导家长及家庭的全面参与；关注社会和谐的需要，将减少儿童贫困和促进社会融合作为重要目标。

（一）向 3～4 岁儿童提供免费服务

近年来，英国政府通过出台一系列政策明确了学前教育对于个人、社会和整个国家发展的潜在价值，同时明确了政府在学前教育发展中的责任。如 2007

---

① CLASP：Center for Law and Social Policy.（2003）. United States Head Start by the numbers 2008 PIR Profile. p. 2.

② 提前开端项目网站（2010）.［EB/OL］. http://www. acf. hhs. gov/programs/ohs/programs/index. html, 2010－10－19.

③ CLASP：Center for Law and Social Policy.（2007）. Head Start Participants, Programs, Families, and Staff in 2006, p. 2.

年新成立的儿童、学校和家庭事务部出台的部门计划《儿童计划:塑造美好未来》①也指出,尽管"政府不抚养儿童,由家长抚养",但"政府需要做出更多努力来支持家长和他们的家庭"。该计划进一步明确了政府在学前教育发展中的重要责任,凸显了学前教育的公共价值。而学前教育公共性最有力的体现就是其免费性。当前,英国5~6岁儿童的教育已经纳入义务教育范畴。在此基础上,近年来英国政府出台了多项促进学前教育普及与质量提高的全国性学前教育政策,其中就包括为3~4岁儿童提供部分时段的免费早期服务。确保开端项目也包括在内,对所有3~4岁儿童提供一定形式的免费学前教育。现行的模式是向3~4岁的儿童提供每周12.5小时、每年38周的免费学前教育,很多地区正在试行延长免费时间的办法,即提供每周15小时、每年38周的免费学前教育,英国政府希望在未来达到每周20小时的免费学前教育。

(二)以日益整合化的服务确保每个儿童获得最好的开端

1.以逐步整合的保育和教育服务促进儿童、家庭和社区共同发展

从历史角度来看,英国的保育和教育一直有着明显的界限,分属福利部门和教育部门。随着对学前儿童认识的不断深入,英国政府和公众意识到儿童早期服务的独特本质,即对于幼儿来说,保育和教育是同时发生且无法分离的。基于这一认识,英国政府开始全面整合学前教育服务。2003年,英国首先将保育和教育统一划归教育部门——教育与技能部统一负责管理。与此同时,学前教育服务也开始逐步同健康服务、家长支持等一系列相关服务结合在一起,共同纳入整个儿童早期服务框架中,凸显了学前教育的整合性和综合性。《儿童保育法案》(Childcare Act,2006)指出,"儿童早期服务包括:0~5岁儿童学前保教服务供给,地方当局对幼儿及其家长或准家长提供的相关社会服务,与幼儿及其家长或准家长相关的卫生保健服务,对幼儿家长或准家长在就业与培训方面的支持性服务,对幼儿家长或准家长在信息提供与支持方面的服务在内的服

① 《儿童计划》是新成立的儿童、学校和家庭事务部的下一个10年计划,它描述了该部门下6个部门的战略目标(DSOs)和5个公共服务协议(PSAs),指明了该部门的责任。该计划同时也包含了2020年的目标。

务体系”。[1] 为了更好地落实儿童早期整合服务的理念,政府从管理、员工培训、课程等多个方面入手进行改革。在中央层面,2007 年成立了儿童、学校和家庭事务部,将儿童、学校和家庭事务统一管理,以确保政策的统一性。在地方层面,儿童服务主管取代了原有的教育主管和社会服务主管,形成了一套计划和实施服务的整合机制——儿童信托,从战略、实施过程、员工团队多个维度,以跨部门协作的方式为整合服务提供保障;2008 年 9 月开始全面实施的《早期基础阶段法定框架》[2]取代了以前儿童保育和早期教育分离的有关框架,全面整合保育和教育;教育标准局也为托幼机构的管理出台了新的管理和督导框架,对保教整合工作进行全面督导。

确保开端项目正是英国对早期服务进行整合的最早尝试,通过跨部门合作战略来实现儿童身体、社会性、情感和认知的全面发展,并为家长提供就业、培训等相关服务,促进家长和儿童的共同发展。如果说确保开端项目是将学前教育服务进行整合的一次尝试,那么英国正在确保开端项目的旗帜引领下,通过提供包括保育、学前教育、健康服务和家庭支持在内的一系列服务,促进儿童的全面发展,并积极促进家庭和社区参与其中,努力实现儿童、家庭和社区的共同发展。

2. 倡导“每个儿童都重要”的实施理念

基于对学前阶段价值的认识,确保每个儿童获得最好的开端已成为当前英国学前教育的核心价值诉求。2003 年《每个儿童都重要,为了儿童而改变》绿皮书明确指出,要促进所有儿童实现健康、安全、快乐且有所成就、做出积极贡献、达到良好的经济状况(achieve economic wellbeing)这 5 大发展目标,并致力于缩小不同儿童群体在这 5 个方面发展的差异。[3] 2004 年,《家长的选择,儿童最好的开端:儿童保育十年战略》中明确强调:幼儿期是儿童发展过程中非常重要的时期,儿童在该时期接受教育的质量直接影响其日后的发展及成就的取

① 英国议会:Childcare Act 2006. [EB/OL]. http://www.opsi.gov.uk/acts.htm. 2008-3-15.

② 2008 年 9 月实施的关于 5 岁以下儿童学习、发展和照料的新的政府框架。

③ DfES. (2004). Every child matters: change for children. [EB/OL]. http://www.everychildmatters.gov.uk/search/. 2008-3-21.

得，幼儿的良好开端对其终身发展具有重大影响。[①] 2007 年出台的《早期基础阶段法定框架》开头就明确指出，“每个儿童都应该获得最好的开端并且获得实现他们潜能的支持。儿童早期经验将对他们未来的生活产生重要影响”[②]。《儿童计划：塑造美好未来》指出，世界一流的儿童早期服务可以使幼儿获得最好的开端，使他们能够充分地利用随后的各种机会学习和发展。政府的目标是，每个儿童到 5 岁时发展良好，并且为其下一个阶段的学习做好准备，使其有信心且具备基本的交流技能来完成小学课程。[③]

上述一系列与确保开端项目密切相关的政策和法案都不同程度地强调了儿童发展对英国未来发展的重要意义，表明了政府重视每个儿童的安全、健康和教育，政府要为每个家庭的每个儿童提供灵活的、合乎需要的儿童早期整合性服务。可以说，每一个政策和法案的颁布都是对“每个儿童都重要”理念的重申，而这一思想也深深地影响到确保开端项目的定位，决定了确保开端项目并不仅仅面向处境不利群体，而是在优先对处境不利儿童提供免费服务的前提下面向全体儿童及其家庭。

（三）关注家庭和家长的需要并平衡家长的工作和家庭生活

确保开端项目最新发展期的纲领性文件《家长的选择，儿童最好的开端：儿童保育十年战略》指出，家长在平衡工作和家庭职责方面面临巨大挑战，在越来越具有挑战性的经济世界中，家长对于工作的需求以及确保儿童获得良好开端的需要使他们很难在家庭和工作中找到适宜的平衡点。而政府对此的回应将影响到每个家庭的生活质量和国家的经济繁荣，因此政府的目标是确保每个儿童获得最佳的人生开端，并为家长提供更多的机会来平衡工作和家庭生活。[④]

---

① HM Treasury, DfES, DWP, DTI (2004). Choice for Parents, the Best Start for Children. Ten Year Strategy for Childcare. [EB/OL]. http: www. dfee. gov. uk. 2008 - 3 - 30.

② DCSF. (2007). Statutory Framework for the Early Years Foundation Stage. [EB/OL]. http://www. standards. dcsf. gov. uk/eyfs/resources/downloads/statutory - framework. pdf. 2008 - 8 - 26.

③ DCSF. (2007). The Children's Plan: Building brighter futures. [EB/OL]. http://www. dfes. gov. uk/publications/childrensplan/downloads/The_Childrens_Plan. pdf. 2010 - 7 - 12.

④ HM Treasury, DfES, DWP, DTI (2004). Choice for Parents, the Best Start for Children. Ten Year Strategy for Childcare. [EB/OL]. http: www. dfee. gov. uk. 2010 - 8 - 12.

当前,政府在确保开端项目的实施中积极推行包括家庭服务在内的整合服务,将家长就业和家庭幸福作为其重要方面,以促进整个家庭的健康发展。该项目强调在尊重家庭文化背景的基础上,帮助家庭营造良好教育环境,为家庭提供一站式服务,开展为5岁以下幼儿提供高质量的保育和教育服务、幼儿健康咨询、成人继续教育和职业技能培训等教育服务。

(四)促进经济繁荣和社会融合

英国政府和各界人士已经认识到,学前教育不仅对儿童、家庭有重要的积极影响,对整个社会的发展也有举足轻重的作用。通过公平优质的学前教育为每个儿童提供最好的开端,不仅有利于儿童个人发展,同时也可以缩小处境不利儿童与其他儿童之间的差距,从而减少儿童贫困,促进社会融合。正如《家长的选择,儿童最好的开端:儿童保育十年战略》所指出的,“英国政府有责任帮助幼儿及其家长应对挑战,有责任确保所有幼儿都能有良好的开端,此举将对英国公民终身发展、家庭生活质量提高及国家经济繁荣产生重大影响”①。尽管确保开端项目已将服务对象扩展至所有儿童,但减少儿童贫困、促进社会融合仍然是其首要目标之一,即通过高质量整合性儿童服务,缩小最贫困地区儿童和他们同伴之间的差距,减少社会贫困,促进社会的健康发展。

三、儿童综合发展服务项目:0~6岁儿童免费,重在改善儿童健康状况

印度儿童综合发展服务项目的设计初衷是为了让更多处境不利儿童获得公平的教育起点,其基本定位凸显了教育公平取向:首先,为0~6岁儿童提供免费的服务,以确保处境不利儿童获得学前教育机会;其次,通过综合服务促进儿童全面发展,并将服务对象惠及与儿童养育密切相关的妇女等弱势群体;最后,以打破贫困代际传递和惠及更多儿童为项目的长远目标。

---

① HM Treasury, DfES, DWP, DTI (2004). Choice for Parents, the Best Start for Children. Ten Year Strategy for Childcare. [EB/OL]. http: www. dfee. gov. uk. 2010-3-30.

(一)向所有0~6岁儿童提供免费服务

印度宪法承诺“向所有14岁以下儿童提供免费和强制的义务教育”①。由于印度宪法并未规定享受义务教育儿童的年龄下限,因此学前儿童教育服务也被包含在宪法所承诺的免费义务教育范围内。但在2002年12月印度第86次宪法修正案第21A条中规定接受义务教育是6~14岁儿童的基本权利,并在第45条规定“国家应竭尽所能为所有6岁以下儿童提供早期儿童保育和教育”②。儿童综合发展服务项目即是为所有0~6岁儿童,尤其是处境不利儿童提供免费的儿童早期教育、健康和营养的综合方案,所有适龄儿童都能参与,不会因其无力支付学费而被挡在服务系统之外。此外,国家最高法院对项目服务做了具体规定,每个儿童都能得到固定数量的服务和营养。得益于该项目的免费性,接受该项目服务的儿童人数不断增加,以2007年到2009年为例,三年间每年参加该项目营养补充的6岁以下儿童都超过了5 800万,参与学前教育的3~6岁儿童人数也超过了3 000万。③

尽管儿童综合发展服务项目的服务是免费提供的,但该项目并不属于义务教育。印度宪法第45条规定,早期儿童保育和教育(Early Childhood Care and Education,简称ECCE)是应该为儿童提供的服务,但并不是儿童的法定权利,这也就意味着国家并不强制儿童参与该项目。

(二)在促进教育公平和儿童发展方面担负重任

印度政府非常重视处境不利儿童的发展,如1986年《国家政策及其行动计划》(National Policy and its Action Plan)明确提出要消除不平等,并把女童、表列种姓、表列部落、少数民族及其他社会处境不利群体作为教育公平的重点对象。

---

① Sub group report early childhood education in the eleventh five year plan (2007 - 2012). [EB/OL]. http://wcd. nic. in/. 2011 - 2 - 15.

② Working group on development of children for the eleventh five year plan (2007 - 2012) [EB/OL]. http://wcd. nic. in/. 2010 - 12 - 01.

③ Ministry of Women and Child Development, Government of India. (2010). Sate-wise number of children who received supplementary nutrition and no. of children who attended pre-school education under ICDS scheme during the last three years and current year. [EB/OL]. http://wcd. nic. in/icdsimg/childbenfno3yearsupto301109. pdf 2010 - 3 - 19.

2003 年《国家儿童宪章》(National Charter for Children)关注了以下方面:儿童的生存、生活和自由;推进健康和营养高标准;保证基本的最低需要和安全;游戏和娱乐;为生存、生长和发展进行的早期儿童保育;免费义务教育;保护儿童免受经济剥削和任何形式的虐待;保护女童;给青少年权利;平等、表达的自由,搜索和接收信息的自由,结社和集会的自由;加强家庭、父母双方的责任;保护残疾儿童;加强对被边缘化和处境不利儿童的保育、保护和福利等。[①] 2005 年《国家儿童行动计划》(National Plan of Action for Children)确保所有的儿童都享有平等的发展权利。该计划秉持的行动原则包括:把儿童看作财富,是有人权的人;解决由于性别、等级、种姓、民族、宗教和法律地位等歧视而产生的问题,从而保证平等;给那些处境最不利、穷人中最贫困的以及获得最少服务的儿童以最优先的政策以及行动干预;认识到儿童的生长阶段和生活环境都各不相同,让所有儿童都有机会充分地实现他们的权利,满足他们在每一种情况下的不同的需要。[②] 这些政府文件明确地体现了印度政府对儿童的关心和重视,并在多个相互影响、相互依存的方面保护和支持儿童的发展与公平教育权利的享有。

儿童综合发展服务项目正是印度政府为履行其在宪法中对所有儿童做出的竭尽全力提供学前教育的承诺而实施的大型学前教育推进项目。在印度国家政策法规的指引下,该项目在促进教育公平和儿童发展方面发挥着重要作用。印度妇女儿童发展工作小组在《儿童综合发展服务项目和营养》报告中这样评价该项目:"儿童综合发展服务项目是印度政府对儿童做出的承诺进行回应的最重要标志——政府承诺一方面提供学前教育,另一方面打破由于营养不良带来的高发病率、学习能力降低以及高死亡率的恶性循环。"[③]

① National Charter for Children 2003. [EB/OL]. http://wcd.nic.in/nationalcharter2003.htm. 2009-5-5.

② National Plan of Action for Children 2005. [EB/OL]. http://wcd.nic.in/. 2009-5-5.

③ Ministry of Women and Child Development Government of India (2006). Sub group report early childhood education in the eleventh five year plan (2007-2012)[EB/OL]. http://wcd.nic.in/ 2009-7-16.

(三)旨在实现儿童全面发展的综合服务惠及妇女及其他弱势群体

1.整合服务强调营养健康,逐渐重视学前教育

1992 年的《国家行动计划》(National Plan of Action)明确表达了国家对儿童的关注,并承诺扩大早期儿童保育和教育服务。2004 年 2 月 9 日正式实施的《儿童宪章》(National Charter on Children)确定要为儿童的生存、成长和发展提供早期保育和教育服务。印度近期的最低施政纲领致力于改善儿童的现状并通过满足儿童多元化的需要而创建一个愉悦的环境让儿童良好地发展。妇女儿童发展部还通过了 2005 年的《国家儿童行动计划》(National Plan of Action for Children 2005),提出除了要满足儿童的健康和教育需要之外,还增加了包括 3 ~6岁儿童参与学前教育计划的目标、措施和活动的内容,将早期儿童保育和教育的目标界定为:普及早期儿童服务以确保儿童的身体、社会性、情感和认知的发展;确保所有 3 岁以下的幼儿有机会获得保育、保护和发展;确保所有 3 ~6 岁的儿童能够获得综合保育和教育的学习机会;向农村和城市地区的家长提供日托中心和托儿所机构等服务。① 近期,印度第十一个五年计划将儿童看作完整的个体,建议从中央到地方以及所有与儿童发展相关的政府部门应当通力合作,在确保儿童的教育、健康和营养得到良好发展的同时,还应当保证儿童的身体和精神免受不良因素的伤害。

由此可见,不同于发达国家,印度的很多学龄前儿童仍然面临严峻的生存问题,这也是印度政府将儿童的基本生存和健康成长置于重要地位的原因。绝大部分的印度国家计划和政策方案也是首先从健康角度来关注儿童的某方面发展。然而,儿童综合发展服务项目却是印度唯一旨在实现儿童全面发展的大型项目。该项目提供的服务趋于综合化,包括以下六项:营养补充、非正规学前教育、免疫接种、健康检查、转院就诊服务、营养与健康教育。② 然而,营养和健康仍然是该项目的特别关注方面,尽管学前教育也是该项目的重要内容,3 ~6 岁的儿童能在儿童综合发展服务中心参与学前教育活动,但活动内容较少,形式比较单一且没有专门的课程,这些问题仍然需要印度政府进一步解决。

---

① National Plan of Action for Children 2005. [EB/OL]. http://wcd.nic.in/. 2010 -7 -10.

② Integrated Child Development Service [EB/OL]. http://icds.gov.in/. 2009 -7 -16.

2. 综合服务惠及妇女及其他弱势群体

儿童综合发展服务项目的服务对象并不仅限于儿童，还包括孕妇、哺乳期母亲和女童。[①] 可以说，印度儿童综合发展服务项目把学前儿童教育、女童教育以及对母亲的教育整合在了一起。近年来，印度政府把儿童综合发展服务项目的服务对象扩大到全部弱势群体，除了 0 ~ 6 岁儿童以外，还为孕产妇、哺乳期母亲以及 11 ~ 18 岁少女、已经辍学的青春期少女和其他 15 ~ 45 岁妇女提供服务，旨在提高 6 岁以下儿童的营养与健康状况；为儿童的心理、生理与社会的和谐发展打下良好的基础；减少死亡率、发病率、营养不良率与辍学率；在政策制定与实施上达成各部门的有效合作，以促成儿童的全面发展；通过营养与健康教育，提高母亲满足儿童正常营养与健康需要的能力。[②]

（四）惠及更多儿童、打破贫困恶性循环是有待实现的重要目标

儿童综合发展服务项目的核心目标是打破处境不利儿童由于营养健康问题导致的生存、成长、发展和教育等方面的恶性循环。在印度，学龄前儿童数量超过 1.5 亿，虽然参加儿童综合发展服务项目的儿童人数逐年增加，但受惠儿童占总人数的比例仍然有限。统计数字显示，在印度公立学前教育机构中（含儿童综合发展服务项目的受惠人群），3 ~ 6 岁儿童入园率由 1989—1990 年的 15% 增加到 1996—1997 年的 19.6%；到 2004 年，入园率增长到 20.95%。[③] 2005 年，全国范围内接受学前教育的总人数是 29 253 935 人，学前教育的入园率为 39%，儿童在学前教育机构的平均时间只有 1.2 年。[④] 这些数字意味着只有 2/5 的印度适龄儿童能够接受早期保育和教育服务，且随时有辍学可能。

综合而言，从性质来看，三个项目都不属于义务教育的范畴，却都在一定程度上实行免费的政策，只是在免费的范围和时限方面有所差异。其中，儿童综合发展服务项目的免费力度最大，不限制幼儿年龄，对参与项目的所有幼儿实

① Kapil, U. (2002). Integrated Child Development Services (ICDS) Scheme: A program for holistic development of children in India. Indian Journal of Pediatrics, Vol. 69, Iss. 7, p. 597 - 601.

② Integrated Child Development Service. [EB/OL]. http://icds.gov.in/. 2009 - 6 - 16.

③ Ministry of Women and Child Development, Government of India. Sub Group Report Early Childhood Education in the Eleventh Five Year Plan (2007 - 2012) [EB/OL]. http://wcd.nic.in/ 2009 - 7 - 16.

④ Unesco Institute for Statistics. [EB/OL] http://stats.uis.unesco.org/ 2009 - 7 - 14.

行免费。从功能来看,三个项目都将保障处境不利儿童的学前教育权利、实现学前教育阶段的教育公平作为首要目标,都把儿童的身心健康作为重要关注点。不同之处在于,提前开端项目更加强调提升学前儿童的社会性和认知发展水平,为基础教育做好准备;确保开端项目则将惠及更多儿童以及改善所有学前儿童的保育和教育质量作为重要目标;儿童综合发展服务项目则把保障和改善儿童的基本生存和健康成长置于首位,将其作为学前教育的基础。

第二节　美、英、印学前教育推进项目的举办机构

本节从项目机构的举办和分布情况、服务对象、服务内容这三个方面对三个项目的举办机构进行了整理和比较,发现三个项目的机构体现出由政府举办、以处境不利儿童为主要服务对象及提供日益综合的服务内容的共同特点,但在各自机构的具体运作中又有所不同,如提前开端项目的机构遍布全国,确保开端项目的机构以经济落后地区为主,儿童综合发展服务项目的机构遵循人口规范划分项目行政规划等。

一、提前开端项目:授权地方代理机构,覆盖全国

提前开端项目的举办机构统称“提前开端中心”,旨在帮助 3 ~5 岁来自贫困家庭的幼儿。在全国 50 个州有 1 591 个“提前开端项目”和“早期提前开端项目”(Early Head Start)授权的服务机构,运作着 49 200 个班级。[①] 截止到 2009 年,提前开端项目的受助儿童已超过 2 700 万。[②] 提前开端中心作为美国学前教育机构的重要组成部分日趋显现。

---

① Department of Health an Human services. Head Start Program Fact Sheet Fiscal Year 2010. [EB/OL]. http://eclkc.ohs.acf.hhs.gov/hslc/Head%20Start%20Program/Head%20Start%20Program%20Factsheets/fHeadStartProgr.htm. 2011 -2 -23.

② Department of Health an Human services. Head Start Program Fact Sheet Fiscal Year 2010. [EB/OL]. http://eclkc.ohs.acf.hhs.gov/hslc/Head%20Start%20Program/Head%20Start%20Program%20Factsheets/fHeadStartProgr.htm. 2011 -2 -23.

(一)举办机构及其类型:授权公立、私立机构,整合地方资源

美国学前教育存在三种系统和机构体系,具有不同的组织、历史与传统,其设置目标和实践以及遵守的标准也各不相同。公立学前教育系统为5~6岁幼儿提供幼儿园教育,同时也为一些学龄儿童提供校外服务,主要机构包括幼儿园和托儿所,受教育部门管辖。私立学前教育系统服务于0岁至义务教育前的幼儿,以市场需求为导向,主要机构类型包括全日制托儿中心(full day's centre)、部分时间的保育学校和学前班(part – day nursery school and pre – school)、居家式保育机构(family child care homes and group home providers)和安亲班(school – age programs)等,由社会福利部门和教育部门分别管理。提前开端系统则旨在帮助3~5岁来自贫困家庭的幼儿(此外还有"早期提前开端"项目,服务于0~3岁来自低收入家庭的幼儿),主管部门为健康与人类服务部。公立系统、私立系统和提前开端系统并非完全对立,而是互有交叉。例如,幼儿园也有公立和私立之分;托儿所按照项目设置主体不同又可分为由提前开端项目、中心式学前教育项目、营利性儿童保育中心项目(for – profit child care center)、教会附设的学前教育项目(faith – affiliate programs)和其他社区式学前教育项目所设置的托儿所。就办学主体而言,美国学前教育机构大多由民间团体、福利机构、基金会及其他私人组织或个人创办。因此,提前开端中心可以说是穿插于多种机构中的公立性质的学前教育机构,通过授权的方式充分利用地方现有的资源,以地方实体机构为中介和基础,为处境不利儿童及其家庭提供综合性服务。具体来讲,提前开端项目的机构可做如下划分。

1. 以参与机构为项目的主体机构

参与机构是提前开端项目的主体机构,一般由公立或私立的非营利机构组成。这些机构只要具备实施提前开端项目的条件,提出申请并经过提前开端项目主管机构审查批准后就可以接受联邦政府的资助拨款并开展服务。提前开端项目的各项工作均由这些机构完成,同时,它们对提前开端项目的执行工作负有法律责任。

2. 代理机构受参与机构的委托开展具体项目工作

虽然提前开端项目的参与机构能够直接开展项目工作,但是它们常常将项

目中的全部或部分工作授权给其他一些机构来完成。这些机构被称为“授权代理机构”,它们是承担提前开端项目各项服务的具体业务单位,受参与机构的委托开展工作。

(1)授权标准和程序严格透明,合乎项目总目标。《提前开端项目入学准备法案》授权秘书处指定任何地方的公立或私立非营利机构作为提前开端项目的代理机构。想要成为代理机构,实体机构必须制定符合提前开端项目表现和成果的标准,且能够完成促进儿童入学准备的目标。要想继续成为获得赠款的代理机构,实体机构必须证明本机构是不断进步且不断朝向自己制定的目标努力的,并通过对提前开端项目儿童的评估。为了更好地判断提前开端项目代理人或机构是否成功地提供了高质量的综合性服务,秘书处正致力于开发、实施新的选定系统。该系统将结合专家组的推荐,以保证新的选定程序是透明、可靠、有效的。专家组成员必须来自与提前开端项目服务相关的专长领域。评估显示能够提供高质量提前开端项目的个人或实体将被认定为提前开端项目的代理机构(授权为 5 年)。[①] 2008 年,提前开端项目各授权机构代理人达到 1 071 734人,其中包括早期提前开端项目代理人 728 人,提前开端项目幼儿园代理人 1 811 人,移民、季节性项目代理人 60 人。[②]

(2)代理机构类型多样。提前开端项目授权的代理机构包括:社区行动机构(Community Action Agencies)(32%),公立或私立学校系统(Public/Private School Systems)(17%),私人或公立非营利性机构如教堂、非营利性医院(Private/Public Non－Profits)(37%),政府机构(Government Agencies)(6%),部落政府或联盟(Tribal Government or Consortium)(7%)。[③]

3. 实施灵活多样的子项目以满足不同家庭的需要

提前开端项目机构具体实施的子项目类型包括:以中心为基础的项目(center－based)、以家庭为基础的项目(home－based)、家庭保育式项目(family

---

① Conference Report to Accompany H. R. 1429. (2009). Improving Head Start for School Readiness Act－Section by Section Summary. p. 4.

② CLASP: Center for Law and Social Policy. (2009). United States Head Start by the Numbers 2008 PIR Profile, p. 1.

③ Biennial Report to Congress. (2005). The Status of Children in Head Start Programs, p. 1.

child care)、联合项目(combination)和地方设计的项目(locally - designed)5 种。2009 年,提前开端项目共计为 1 061 620 名儿童提供了服务,其中,注册“以中心为基础的项目”的儿童占总注册人数的 92%,“以家庭为基础的项目”的比率为 5%,“家庭保育式项目”“联合项目”和“地方设计的项目”的百分比各为 1%。[①] 这 5 种项目的运营时间又可以分为全日型和时段型。其中全日型运营方式按天数的不同,可以细分为 5 天全日型和 4 天全日型;时段型运营方式按天数的不同,可分为 5 天时段型和 4 天时段型。以“以中心为基础的项目”为例,注册该项目(占总注册人数的 92%,约为 166 690 人)的提前开端项目儿童中有 52% 入读 5 天全日型项目,26% 入读 4 天时段型项目,18% 入读 5 天时段型项目,另外 4% 入读 4 天全日型项目。

总之,为满足儿童发展及其家庭的各种需要,提前开端项目自创建之初一直尝试着拓展服务机构的类型。从机构的服务时间来看,最初的提前开端项目仅提供半日服务,现在已经尝试提供全天服务,满足了不同背景和不同经济条件家庭的需求;从机构类型来看,提前开端项目实施之初只是提供以项目为基础的服务(即让儿童到提前开端项目中心来学习),现在又增加了以家庭为基础的服务类型、家庭保育式服务机构、联合项目机构和地区自行设计的项目机构等。

(二)服务对象:以低收入家庭的处境不利群体儿童为主

提前开端项目的主要目标是:“为低收入儿童及其家庭提供健康、教育、营养、社会等基于家庭需要的服务,促进儿童的社会性发展和认知发展,从而提高其入学准备。”[②] 该目标也决定了提前开端项目的服务对象是低收入家庭的 3 ~ 5 岁儿童,其申请资格的衡量标准主要是入读儿童的家庭收入必须低于联邦贫困线(以四口之家为单位,年收入为 17 050 美元),“还包括特殊考虑,例如残疾儿童、寄养儿童、被忽视的儿童、家长被监禁的儿童、母语非英语的儿童等”。以

---

① CLASP: Center for Law and Social Policy. (2009). United States Head Start by the Numbers 2008 PIR Profile, p. 1.

② Biennial Report to Congress. (2006). The Status of Children in Head Start Programs. 2005. p. 1 [EB/OL]. http://eclkc.ohs.acf.hhs.gov/hslc/Head%20Start%20Program/Head%20Start%20Program%20Factsheets/fHeadStartProgr.htm. 2011 - 2 - 23.

1997—1998 年为例，提前开端项目中有 13% 的参与者是残疾儿童。但《2007 年改进提前开端法案》对幼儿的入学资质进行了修订，将生活在居无定所家庭中的 0 ~5 岁的儿童，即没有固定、规律、足够的夜间居住地的儿童也吸纳为服务对象。

此外，尽管提前开端项目一直致力于不断扩展以服务于更多幼儿，该项目每年大约接纳 90 万左右 4 岁幼儿入读，据 2009 年数据显示，共有 69 亿美元用于为2 700多万名儿童提供此项服务，[①]但该项目扩展的速度仍然无法追赶上需求的增加，目前只有 36% 的符合标准的幼儿能够享受到提前开端项目的服务。

（三）服务内容：促进儿童全面发展、提高其入学准备的综合性服务

《提前开端项目法案》和《提前开端项目入学准备法案》都体现了通过为处境不利儿童及其家庭提供综合性服务，促进儿童全面发展，提高儿童入学准备的宗旨。可以说，对提前开端项目而言，综合性服务是其工作的方式和手段，旨在为提前开端项目儿童和家庭提供健康服务、家庭服务（包括家长参与服务）、社会服务和教育服务等，改善儿童的生活环境，促进其全面发展，提高其入学准备。

1. 健康服务

提前开端项目为儿童提供的健康服务主要包括体检筛查服务、牙齿检查与预防保健服务、心理健康服务以及为残疾儿童提供的特殊服务。

（1）体检筛查服务。《提前开端项目实施标准》要求儿童在注册后的 45 天内接受发育、感官和行为等方面的筛查，并要求提前开端项目对儿童家庭做后续跟踪调查以确保家长为儿童提供了更深入的诊断和治疗。2008 年，注册提前开端项目的儿童中有 89% 接受了健康检查，经诊断，16% 的儿童需要接受治疗，而实际上，需要治疗的儿童中有 94% 接受了跟踪治疗并取得很好的效果。[②] 可见，与其他儿童相比，参加提前开端项目的儿童更容易获得健康筛查和发育筛

---

① Department of Health an Human services. Head Start Program Fact Sheet Fiscal Year 2010. [EB/OL]. http://eclkc. ohs. acf. hhs. gov/hslc/Head% 20Start% 20Program/Head% 20Start% 20Program% 20Factsheets/fHeadStartProgr. htm, 2010 - 12 - 10.

② CLASP: Center for Law and Social Policy (2009). United States Head Start by the numbers 2008 PIR Profile, p. 2.

查方面的服务，并且能够更及时地获得最新的免疫服务。

(2)牙齿保健服务。有研究表明，美国低收入家庭儿童的牙齿健康问题堪忧——幼儿的龋齿问题仍然十分严重，据2000年的调查报告显示：在美国，只有20%的2～5岁的幼儿看过牙医。提前开端项目的牙齿检查与预防保健服务主要是通过检查儿童的牙齿疾病，为那些有牙齿疾病的幼儿进行修复性治疗；通过给儿童和家庭介绍牙科医生，使提前开端项目儿童和家庭能够获得关于牙齿治疗的信息和资源；通过对家长或监护人进行牙齿健康教育使其意识到保护牙齿的重要性。2002年，提前开端项目儿童中有78%的儿童接受了牙科检测，其中，诊断为需要治疗的儿童占总数的76%(共计223 455名儿童)，而提前开端项目儿童中60%的儿童接受了预防牙科治疗。①

(3)心理健康服务。提前开端项目为儿童接受心理治疗提供了宝贵的机会。接受心理治疗的儿童中学前儿童占30%，且学前儿童接受心理健康辅导的人均花费远比他们成长为青少年后接受治疗的花费要低很多。心理健康专家曾就儿童的行为问题对13%的提前开端项目儿童进行了调查，并对这些儿童中的35%提供了3种或更多建议，并就具体做法与教职员进行了协商。2002年，提前开端项目中2%的儿童接受了项目服务范围之外的心理健康治疗，74%的儿童接受了心理健康辅导和治疗。其中，向教职员咨询行为、心理健康问题的儿童占13%，接受单独心理健康评估的占7%，向家长咨询行为、心理健康问题的占5%，接受心理健康转介服务的占3%。②

(4)特殊需要服务。《提前开端项目法案》规定项目中至少有10%的儿童为残疾儿童。2002年，提前开端项目儿童中大约有13%被诊断为不同程度、不同类型的残疾。也就是说提前开端项目中的118 737名儿童中约有13%接受了特殊需要服务。提前开端项目在各州与“残疾人教育法案项目”(Individuals with Disabilities Education Act，简称为IDEA)合作，为残疾儿童提供特殊服务。

① Irish, K. Schumacher, R. and Lombardi, J. Head Start Comprehensive Services: A Key Support for Early Learning for Poor Children. Center for Law and Social Policy Brief, 2004.4, p.3～4.

② Irish, K. Schumacher, R. and Lombardi, J. Head Start Comprehensive Services: A Key Support for Early Learning for Poor Children. Center for Law and Social Policy Brief, 2004.4, p.3～4.

2. 家庭服务

在关注儿童发展的同时，提前开端项目也关注儿童家庭的需要。大部分提前开端项目儿童的家庭经济状况不良，收入低于联邦规定的贫困线；父母中至少有一方工作，但父母二人都非高学历。研究表明：这些环境因素是导致贫困儿童脑发育不良的原因之一。同时，由于儿童生活环境的不断恶化，为低收入家庭提供额外的支持性服务以帮助家长更好地起到监护人的作用是十分重要的。提前开端项目为此做了很多努力：项目工作人员与家长一起商量制订“家庭伙伴关系协定”，该协约详细规定了要完成的目标、责任和义务、时间安排；直接帮助家庭或通过社区资源转介，给家长提供必要的支持性服务。2008 年，美国共有 977 942 个家庭获得提前开端项目提供的家庭服务。① 提前开端项目提供的家庭服务包括：亲职教育、健康教育、危机干预服务、成人教育、心理健康教育、房屋援助、交通援助、职业培训和英语第二语言教育培训（ESL）。以 2009 年为例，提前开端项目家庭获得亲职教育的比例达到 45%，获得健康教育的比例为 43%，获得危机干预服务的比例为 18%，获得成人教育的比例为 14%，接受心理健康教育的比例为 13%，获得房屋援助服务的比例为 12%，获得交通援助的比例为 11%，获得职业培训的比例为 10%，获得英语第二语言教育培训（ESL）的比例为 8%。②

（1）家长参与服务。家长参与服务是提前开端项目中非常重要的部分，这在前文已有详细分析，不再赘述。

（2）父职角色。由于提前开端项目中 50% 以上的儿童生活在单亲家庭或者只有一个监护人（2008 年，此数据为 57%）③，且抚养者基本为女性，因此，提前开端项目中男性的参与就显得十分重要。近年来，提前开端项目十分关注将父亲引入其中。关于父职角色的项目特别强调父亲在家庭和儿童生活、发展中的重要性，认为父母双方在确保儿童的健全发展方面起着同样重要的作用，父职角

① CLASP：Center for Law and Social Policy（2009）. United States Head Start by the numbers 2008 PIR Profile, p. 2.

② CLASP：Center for Law and Social Policy（2009）. United States Head Start by the numbers 2008 PIR Profile, p. 2.

③ CLASP：Center for Law and Social Policy.（2009）. United States Head Start by the Numbers 2008 PIR Profile, p. 3.

色必须得到社区、项目的支持。提前开端项目中关于父职角色的项目正在努力发掘有利于父亲角色的资源,以协助提前开端项目的社区工作。2004 年 6 月,提前开端项目也发起了一个关于父亲参与的研讨会。这些努力将支持并延续父亲在提前开端项目中的积极参与,进而对孩子的健康发展发挥积极的作用。

3. 社会服务

提前开端项目的社会服务人员协助家长通过教育、辅导等活动满足自己的需求。他们与家庭建立合作伙伴关系,帮助家长评估自己的家庭需求、发展策略,以及充分利用资源解决问题。工作人员也帮助社区机构进一步了解和适应参加提前开端项目的家庭的需要。可以说,社会服务是提前开端项目的必要组成部分和重要特点,在加强家庭服务的有效性和提前开端项目内容的丰富性上发挥了重要作用。

4. 教育服务

提前开端项目强调促进儿童社会情感的发展,注重帮助儿童做好入学准备,以促进儿童长期学业的成功。首先,该项目非常关注读写识字和数学知识;其次,该项目强调关注每个儿童的个别需要;再次,该项目注重兼顾儿童的发展和文化适宜性。

二、确保开端项目:以地方举办为主,多分布于贫困地区

确保开端儿童中心和扩展学校可谓英国《每个儿童都重要》(Every Child Matters, 简称 ECM)方案的实施核心,致力于在促进儿童及其家庭成员的身体健康、人身安全、享受与实现、做出积极贡献和获取经济福祉这五个方面取得成效。[①] 由此,确保开端儿童中心和扩展学校也成为确保开端项目的主要实施机构。

(一)举办和分布:主要由地方当局举办,遍布全国

1. 举办主体:主要为地方当局

确保开端项目的主要组织机构是“确保开端儿童中心”。尽管私立机构在

① Department for Education and Skills. (2008). Sure Start Children's Centres: Building Brighter Futures. p. 3. [EB/OL]. http://education.gov.uk/publications/eOrderingDownload/DCSF - 00185 - 2008. pdf 2011 - 3 - 20.

英国学前教育机构中占有较大比例，但确保开端儿童中心作为获得政府经费支持的确保开端项目的主要实施机构，其总数量的一半左右仍由地方当局负责举办和管理。截至2006年，教育和技术部已经为确保开端地方项目和确保开端儿童中心投资21亿英镑。从2006年4月起，管理项目和儿童中心的责任转由地方当局承担。2006年10月，教育和技术部加入"一起为儿童"的联盟，向地方当局建立儿童中心提供支持。在2006年到2008年间，教育和技术部门向地方当局拨款18亿用来建设儿童中心。地方当局的战略职责是负责儿童中心，包括：规划中心的位置和发展方向，以满足地方社区的需要，与家长，私人、志愿和独立部门，基础保育信托（Primary Care Trusts，简称 PCTs）及其他关键合作人共同磋商服务内容。近年来，政府有意促使确保开端儿童中心从诸如私立或志愿团体运营的托幼机构发展而来，但由私立机构或志愿团体运营的机构发展而来的儿童中心所占比例仍然较低，分别为20%和19%。①

表2-1　2006年和2007年确保开端儿童中心的举办主体类型、数量及比例

主体类型＼年份	2007年	2006年
服务提供者总数	950	700
私人、志愿和独立部门比例	39%	36%
私立机构比例	20%	19%
志愿团体比例	19%	17%
公立机构比例	58%	59%
地方当局比例	49%	50%
学校/大学比例	9%	/
其他	3%	/

转引自 DCSF. (2008). Childcare and Early Years Providers Survey 2007. http://www.dcsf.gov.uk/research/data/uploadfiles/DCSF-RR047.pdf. p. 28.

扩展学校是确保开端项目的另一个重要实施机构。2006年《儿童保育法

① DCSF. (2008). Childcare and Early Years Providers Survey 2007. [EB/OL] http://www.dcsf.gov.uk/research/data/uploadfiles/DCSF-RR047.pdf. p. 26.

案》提出校外时间的学习支持概念，地方当局通过扩展学校向儿童提供学习支持。因此，扩展学校的举办者依然是地方当局。

2. 机构分布：贫困地区比例较高

尽管确保开端项目的服务对象已不仅是处境不利儿童，而扩展为所有的儿童，但缩小最贫困地区儿童和他们同伴之间的差距，改善其生活质量仍然是该项目的核心目标之一。基于此，项目的最重要实施机构——确保开端儿童中心在贫困地区首先发展起来。总部要求新建的确保开端儿童中心必须设在贫困边远、人口分散的地区，主要设在社区活动中心、小学、教堂、图书馆、医院等公共设施中，以促进社区各方的实质性合作，发挥其各自特有功能。根据《2007 年儿童保育和早期服务供应调查》显示，25% 的提供全天保育的儿童中心位于英格兰经济发展比较落后的东北部、约克郡和亨伯赛德郡，而在较发达的东部和东南部地区的分布比例相对较低。①

表 2－2　确保开端儿童中心分布地区

所有提供者总数	950
中英格兰东部	6%
东部	6%
伦敦	17%
东北部 约克郡和亨伯赛德郡	24%
西北	16%
东南	10%
西南	9%
中英格兰西部	12%

来源于 DCSF.（2008）. Childcare and Early Years Providers Survey 2007.
[EB/OL]. http://www.dcsf.gov.uk/research/data/uploadfiles/DCSF－RR047.pdf. p.43.
数据基于儿童保育提供者 2007，公立学校的早期教育 2007

① DCSF.（2008）. Childcare and Early Years Providers Survey 2007. [EB/OL] http://www.dcsf.gov.uk/research/data/uploadfiles/DCSF－RR047.pdf. p.43.

确保开端儿童中心基本实现了其早期(2004—2006 年)预计建立 1 137 个儿童中心、提供 43 300 个儿童保育学位、使受益儿童人数达到 669 000、预计投入 4.4 亿英镑,以及接受国家财政拨款 8.5 亿英镑的目标,并在 2006—2008 年新增 1 800 个儿童中心,使儿童中心总数达到 2 500 个,受益儿童人数达到 1 500 000人,投入达 4.48 亿英镑,且接受国家财政拨款达 13.7 亿英镑。① 截至 2008 年 6 月,该项目已建立儿童中心2 907个,为 220 万幼儿及其家庭提供服务。2010 年,确保开端儿童中心增加到3 500个②。在确保开端儿童中心的推动下,全国范围内的每个家庭都将能够在其社区中获得高质量的儿童综合服务。

(二)服务对象:逐渐惠及全体儿童并扩展至家长和社区人员

随着确保开端项目的持续推行,目标人群已经由最初的贫困儿童及其家庭,扩展到所有 5 岁以下儿童及其家庭。总之,确保开端儿童中心的服务对象不仅包括儿童,还包括家长;不仅关注幼儿是否受到教育,也关注家长接受教育和培训的情况。在儿童中心,通常设有专门房间,用于家长与家庭联络员就儿童发展或家庭问题进行交流和沟通。确保开端项目倡导“共同成长”,这既包括家长和儿童一起成长,使家长成为更好的家长,也包括家长和儿童与中心的员工一起成长,通过提供持续性培训,帮助员工提高技能和专业水准。此外,确保开端儿童中心还将服务对象拓展到妇女、准家长、家庭其他成员和社区,致力于通过优质综合服务使社区和社会变得更加美好。

(三)服务内容:凸显家庭支持的整合性服务

1. 确保开端儿童中心:融合保育、教育、健康和家庭支持服务的整合式服务

确保开端儿童中心是在确保开端地方项目(Sure Start Local Programmes)、社区幼儿园(Neighbourhood Nurseries)、早期优异中心(Early Excellence Centres)③、“邻里保育”(Neighbourhood Nurseries)等机构的基础上建立起来的,

---

① 英国国家审计办公室确保开端儿童中心报告. Sure Start Children's Centres [EB/OL]. http://www.nao.org.uk/ 2009 - 8 - 11.

② 确保开端项目官方网站[EB/OL]. http://www.surestart.gov.uk/surestartservices/settings/surestartchildrenscentres 2009 - 8 - 10.

③ 确保开端地方项目、社区幼儿园、早期优异中心都是确保开端项目中的具体子项目。

还融合了公立保育学校(Maintained Nursery Schools)、家庭中心(Family Centers)、志愿和私立部门提供的保育,以及提供给社区中心的高质量综合早期服务①。作为整合式儿童早期服务的典型模式,确保开端儿童中心是多功能中心,将儿童保育、早期教育、健康和家庭支持服务相结合,专门为5岁以下儿童的家庭、家长及照顾者而设计,并以学校、健康中心、住宅楼的社区中心为基地。公立、私立和志愿机构共同在儿童中心工作,尤其关注改善处境最不利儿童的生存和发展机会(improving the life chances),具体包括:儿童和家长健康服务,高质量的保育和早期教育服务,家长学习班、研讨会以及诸如言语治疗、健康饮食习惯和法律咨询服务等。同时,确保开端儿童中心还与地方特别就业中心办公室(Local Job Centre Plus Offices)及培训供应者合作,帮助家长就业及培训。

总之,确保开端儿童中心的主要目的是通过提供高质量综合的早期教育、健康和家庭支持来缩小处境最不利儿童和其他同龄儿童之间的差距。2008年3月发布的全国确保开端评价显示了确保开端儿童中心对英国处境最不利社会群体发挥的积极作用,包括改善儿童的社会技能,加强家长的教育技能,以为儿童提供更加适宜的家庭学习环境。

2. 扩展学校:主要提供保育服务和家长支持

目前,英国有超过10 000所学校提供扩展学校服务②,作为确保开端项目的另一实施机构,其服务主要体现在以下方面:第一,提供学习支持和校外活动。英国的很多学校都有在放学后向学生提供活动的传统,扩展学校的发展使得这样的课外活动更加丰富,具体服务内容包括家庭作业俱乐部、补习班(catch up class)、天才儿童项目以及文体活动等。第二,为学龄前儿童提供保育。第三,提供家长支持,希望家长能够参与影响儿童的学习。第四,扩展学校还提供迅捷简便的推荐服务,如儿童和青少年精神健康服务(Child and Adolescent Mental Health Service,简称CAMNS)等。最后,提供社区活动,在上学日以外的

---

① 确保开端项目官方网站[EB/OL]. http://www.surestart.gov.uk/surestartservices/settings/surestartchildrenscentres 2008-8-10.

② Department for Children, Schools and Families Departmental Report 2008 [EB/OL]. www.dcsf.gov.uk 2008-8-10.

时间向地方社区开放运动和艺术设施。

三、儿童综合发展服务项目：中央举办，集中分布于贫困地区

印度儿童综合发展服务项目提供服务的机构为儿童综合发展服务中心（印度语为 Anganwadi，音：安哥瓦迪），意指儿童出门就可以得到学前教育服务，是由政府直接举办并经营的服务执行机构，其所有权、经营权、控制权等归属于政府。儿童综合发展服务中心构成了儿童综合发展服务项目的提供网络，其服务对象主要包括 0～6 岁儿童、11～18 岁的少女、孕妇和哺乳期妇女及其他 45 岁以下的妇女。目前，全印度已建立起 107.8 万多个儿童综合发展服务中心，每年为 7 000 万印度儿童提供服务，且这些中心仍在根据政府设置的人口规范和营养规范不断发展扩大。

（一）举办和分布：由中央政府举办，集中分布于贫困地区

儿童综合发展服务项目的举办主体是印度政府，因此，其组织机构的审批和建设主要由政府完成，其举办和运作遵循最高法院做出的人口规范。此外，该项目针对的是弱势儿童以及妇女，因此在机构选址上侧重处境不利地区。

1. 举办和运作：遵循人口规范划分项目行政单位

印度政府对儿童综合发展服务项目的行政单位做了如下划分：农村地区以社区发展街区（Community Development Block）为单位，部落地区以部落区为单位，城市地区就以小的行政区（ward）或贫民窟为单位。在城市和农村地区，平均每 500～1 500 人的人口范围内设置一个儿童综合发展服务中心；在部落地区，如果村庄很小，可以在一个 300 人的村子或是小村庄设置一个儿童综合发展服务中心，偏远、人迹罕至的部落地区的小村庄可以在 150～300 人的人口范围内建立迷你儿童综合发展服务中心。为了普及该项目，政府正在着手考虑放宽设置条件：首先，邦一级社区发展街区应成为农村和部落地区成立儿童综合发展服务项目的单位，而不考虑其中的村庄规模或人口数量；其次，达到 10 万人口的城市才能达到建立一个儿童综合发展服务中心的标准，而超过 20 万人

的街区就可以开设多个儿童综合发展服务中心。[①] 政府设置的人口规范较好地保证了生活在农村贫困地区、少数民族部落和城市贫民窟的所有儿童都能够较为方便、快捷地获得服务。

2. 机构选址:集中分布于贫困地区

儿童综合发展服务项目在选择街区及中心建设用地时通常以当地的发展水平和贫困程度为衡量标准,因此,儿童综合发展服务中心往往坐落在贫困的农村地区、部落民族地区、生活窘迫人群聚集地区、干旱地区、营养不良地区及社会服务发展水平较差的地区。由于地理与人口分布,约有一半儿童综合发展服务中心分布在少数民族地区。[②] 在城市地区,贫民窟是儿童综合发展服务中心的主要存在地。以马德亚普拉德邦(Madhya Pradesh)为例,45%的儿童综合发展服务中心分布在社会服务发展水平较差的贫困地区,近30%的中心分布在部落民族地区,20%分布在发展落后地区。[③]

(二)服务对象:涵盖妇女儿童,关心弱势群体

儿童综合发展服务中心的服务对象除处境不利儿童外还包括其他处境不利群体。根据印度2001年人口普查,6岁以下儿童人口多达1 579万,占印度总人口的15.42%。这些儿童的主要问题是体重过轻、营养不良及死亡率较高,这三个因素相互影响,严重阻碍了儿童的生存和发展。15~45岁的妇女占总人口的21%,她们存在的主要问题是营养不良、难以获得保健服务以及死亡率较高,且尤以孕妇和哺乳期母亲最为严重。青少年约占全国人口的15%,其中少

① Ministry of Women and Child Development. [EB/OL]. http://wcd.nic.in/. 2008-7-16.

② 严仲连:《使千百万处境不利儿童受益的印度ICDS项目》,载《幼儿教育(教育科学版)》,2006(11),42页。

③ Government of India. Department of Women & Child Development. Ministry of Human Resource Development. (2010). Performance Appraisal Of ICDS And Non-ICDS Districts With Reference To Holistic Development Of Child And Mothers In The Light Of Social Organization Participation: An Impact Cum Comparative Study In The States Of Maharashtra And Madhya Pradesh (A Final Report) [DB/OL]. http://wcd.nic.in/research/performance_icds_maha_mp.doc 2009-7-7.

女面临的主要问题除营养不良之外还有健康和卫生意识不足等。[①] 所有这些问题都严重影响了印度的人力资源发展,因此,儿童综合发展服务项目作为全国最大的针对处境不利人群开展的学前教育推进项目,将0~6岁儿童、少女以及孕妇和哺乳期母亲等都纳为服务对象。

(三)服务内容:强调营养健康,重视学前教育的综合服务

儿童综合发展服务中心把学前儿童教育、女童教育以及对母亲的教育整合在一起,提供以下六项服务:营养补充、非正规学前教育、免疫接种、健康检查、转院就诊服务、营养与健康教育。[②] 其中三项(免疫接种、健康检查和转院就诊)是通过健康子中心(Heath Sub - Centre)、健康与家庭福利部下属的基础健康中心(Primary Health Centres,简称PHCs)提供的。

1. 健康服务

健康服务主要包括:为儿童和孕妇提供铁和叶酸片剂,儿童称重服务,健康检查服务。对儿童的检查主要包括眼睛、耳朵、鼻子、牙齿、头发和其他部位的常规定期检查,还包括对发烧、眼病、耳病和皮肤疾病等的医疗支持。值得一提的是,健康检查的重点人群主要为3岁以下儿童和孕妇,检查频率较高。为儿童注射预防结核、白喉、百日咳、破伤风、麻疹、小儿麻痹症等疾病的疫苗,为所有孕妇注射破伤风疫苗(免疫服务由基础健康中心和社区健康中心提供)。[③] 儿童综合发展服务中心的免疫接种率大概在七成左右,有些地区尤其是部落民族地区的疫苗接种状况并不理想,主要原因是儿童家长对免疫还不够了解,因而采取漠不关心的态度,此外,古老的信仰、习俗和迷信等因素也影响了疫苗接种率。儿童综合发展服务中心还会组织营养和健康教育活动,每个月根据当地

---

① Government of India. Department of Women & Child Development. Ministry of Human Resource Development. Performance Appraisal Of ICDS And Non - ICDS Districts With Reference To Holistic Development Of Child And Mothers In The Light Of Social Organization Participation: An Impact Cum Comparative Study In The States Of Maharashtra And Madhya Pradesh (A Final Report) [EB/OL]. http://wcd. nic. in/research/performance_icds_maha_mp. doc 2009 - 7 - 7.

② Integrated Child Development Service [EB/OL]. http://icds. gov. in/. 2008 - 7 - 16.

③ Ministry of Women and Child Development, Government of India. (2010). Existing Reporting System under Management Information System on ICDS Scheme[EB/OL]. http://wcd. nic. in/icdsformat/ReportingSystemOnICDSScheme. pdf 2009 - 7 - 20.

人群的需求设置不同主题的教育活动，活动的主要参加者通常是儿童的母亲，通过交谈、讨论等方式普及关于健康食谱、净化水、营养液制作、照顾儿童和儿童简单疾病处理等方面的知识。[①]

2. 营养服务

印度最高法院于2001年11月28日发布的文件(Public Interest Litigation, WP No. 196/2001)[②]规定全国每个儿童综合发展服务中心必须保证提供如下营养服务：每个6岁以下儿童获得300卡热量和8~10克蛋白质，政府提供的营养补助标准是4卢比[③]；每个青春期少女获得500卡热量和20~25克蛋白质，营养补助标准是5卢比；每个孕妇和哺乳期母亲获得500卡热量和20~25克蛋白质，营养补助标准是5卢比；每个营养不良儿童获得600卡热量和16~20克蛋白质，营养补助标准是6卢比；[④]每个居民区都设有服务中心。2004年4月29日，最高法院进一步建议印度政府增加儿童综合发展服务中心数量并重新制定食品提供标准。在该建议基础上，2004年10月7日，印度政府下令尽早在全国每一个居民区、部落区都建立一个儿童综合发展服务中心，并向各州配发儿童综合发展服务项目资金，以提高每个儿童每天一卢比的食物标准，确保每个儿童综合发展服务中心的100个受助人每年能够获得300天的食物。[⑤]

3. 学前教育服务

学前教育是儿童综合发展服务中心不可或缺的服务内容之一，为3~6岁儿童提供自然、快乐和激励性的环境，旨在帮助儿童建立起对教育的积极态度，为儿童终身学习和发展提供良好的基础，同时还致力于普及基础教育，给儿童

---

① Government of India, Ministry of Women and Child Development. (2010). Three Decades of ICDS—An Appraisal [EB/OL]. http://wcd. nic. in/3dicds. htm 2009 - 9 - 8.

② Ministry of Women and Child Development[EB/OL]. http://icds. gov. in/. 2008 - 7 - 16.

③ 1卢比约合0.15元人民币。[EB/OL]. http://cn. reuters. com/investing/currencies? srcAmt = 100&srcCurr = INR&destAmt = - - &destCurr = CNY. 2010 - 4 - 28.

④ Government of India. Ministry of Women and Child Development. (2010). Approval of Government of India for Third Phase Expansion of the Integrated Child Development Services (ICDS) Scheme—Introduction of new interventions and revision of cost norms of existing interventions—Regarding[EB/OL]. http://wcd. nic. in/univ_icds/univ_icds1. pdf 2010 - 4 - 22.

⑤ Ministry of Women and Child Development, Government of India. Annual report 2007 - 2008[EB/OL]. http://wcd. nic. in/. 2008 - 6 - 16.

提供必要的入学准备,并帮助他们照顾幼小的弟妹,从而为他们(尤其是女孩)腾出时间去上学。儿童综合发展服务中心的学前教育服务主要通过非正式和游戏的方式提供,让儿童在愉悦的氛围中快乐学习。在儿童综合发展服务项目设计者看来,3 ~6 岁儿童正处于入学准备阶段,此时应将重点放在认知发展和肌肉运动发展上,因此,应当引导儿童发展前数字概念(pre-number concepts),比如了解多与少、厚与薄、远与近的区别等;应通过简单对话(pre-conversation)、讲故事、组词等活动来促进儿童的概念形成和语言发展;还应该对儿童的情绪和社会性发展给予谨慎的干预。具体而言,儿童综合发展服务中心的工作人员(Anganwadi Workers, 简称 AWW)会提供多种活动,如玩具游戏、角色扮演、物品分享、个人卫生清洁和认识物品等,还会做好活动计划,根据儿童的年龄和发展水平提供不同的教学和学习帮助。

2009 年之前,印度政府每年提供给每个儿童综合发展服务中心的学前教育专项经费是 500 卢比,近几年政府对学前教育日益重视,已将该经费规范调整至每年 1 000 卢比,并要求各邦政府确保每个儿童综合发展服务中心都提供学前教育服务。政府提供的学前教育经费主要用于购买玩教具,包括用于讲故事的教学卡片、模型图片或图画书,积木,填充玩具,用于角色扮演的玩偶,画有不同颜色、数字和字母的配对卡片,玩具球,针线和缝纫板,厨房用品,小鼓等。① 总的来看,儿童综合发展服务中心提供的学前教育内容是相对匮乏的,官方调查显示,大部分儿童综合发展服务中心的学前教育活动主要是唱歌、讲故事、计数、室内外活动和自由交谈等,只有在个别有条件的儿童综合发展服务中心才会开展绘画、配色以及肌肉协调性训练和涉及儿童情感和智力发展的活动。

除了上述健康、营养和学前教育服务之外,儿童综合发展服务项目还提供一些咨询和宣传服务,主要涉及安全饮水、环境卫生、妇女赋权、非正规教育及成人扫盲等方面。

综合来看,从机构的举办和分布来说,一方面,三个学前教育项目的机构均主要由政府举办,但在机构类型上各有不同,印度的所有项目机构都是公立的,

---

① Government of India, Ministry of Women and Child Development. (2010). PSE kits in ICDS-Guidelines regarding. [EB/OL]. http://wcd.nic.in/icdsimg/pseicds.pdf. 2009 - 12 - 27.

有利于保证国家的资金及服务能够自上而下地被统一起来，而英国和美国的项目则鼓励或者授权非公立机构存在，以满足儿童多样化的需求；另一方面，三个项目的服务机构都遍及其本国各地，有的深入偏远山区和农村，有的则进入城市贫困地区和社区。从服务对象来看，三个项目的机构都优先服务处境不利儿童及相关人群，且都表现出逐渐惠及所有儿童及家庭的倾向，如这三大项目的机构都没有把服务对象局限于3~5岁幼儿，而是推及0~3岁幼儿以及入学以后的儿童，同时还为儿童的母亲及家庭提供帮助和服务。从服务内容来看，三个项目的机构都倾向于提供集健康、教育、家庭参与等于一体的综合化服务，但是倾斜度存在差异，如提前开端项目中心更强调为儿童做好入学准备，确保开端项目中心更凸显家庭之间的互动，儿童综合发展服务中心则更注重儿童营养健康水平的提高。

第三节　美、英、印学前教育推进项目的管理体制

提前开端项目、确保开端项目和儿童综合服务项目的管理都明确并强化了其中央政府的主导职责，建立并规范了各级政府和部门的协作机制，但三个项目的管理体制又因其各自国家教育管理体制的不同而有所不同。如提前开端项目注重与各州的合作、确保开端项目以地方当局为管理核心、儿童综合发展服务项目则为多级政府各司其职等。本节从管理部门及其职责、各级政府和部门的职责及合作两个方面分析三个项目的管理体制。

一、提前开端项目：联邦政府直接负责并注重与各州合作

提前开端项目由联邦政府为低收入家庭儿童和残疾儿童的学前教育提供资助和资金保障，并通过制定公共政策，为3~5岁的处境不利幼儿提供综合性补偿教育。[①] 联邦政府对该项目的直接负责体现了美国联邦政府旨在扶助处境

① OECD. (2000). OECD Country Note: Early Childhood Education and Care Policy in The United States of America. p. 25.

不利儿童群体、大力推进教育公平的学前教育职责重点。在美国,联邦政府的学前教育职责主要在于提出学前教育与保育的一般性政策和目标,协助各州政府根据区域和地方的需要落实学前教育政策,其职责重点在于满足特定人群尤其是低收入家庭和有特殊需要的儿童的需求,使全国儿童都能接受高质量的学前教育,促进美国社会的公平发展,如美国联邦健康与人力资源部(U. S. Department of Health and Human Services)规定的“减少贫穷对儿童的影响,改善儿童的入学准备,为低收入家庭儿童提供卫生保健,为父母均工作的儿童提供看护,帮助儿童的母亲摆脱公共援助”①,以及《不让一个儿童落后法》(No Child Left Behind, 2001)指出的“确保高质量的绩效责任体系、学术评价标准、教师培训与教育资源的竞争型分配,满足弱势群体儿童的教育需求,缩小成绩优异与成绩欠佳学生、非少数民族学生之间的学业成绩差距,确保各州、地方教育机构与学校能够促进所有儿童的学业进步,将教育资源合理配置到最需要的地方教育机构和学校中”②等。联邦政府对项目的具体职责也符合其上述对学前教育的一贯政策:规划项目发展的整体政策和目标,根据各地的实际需要,推动各州以低收入家庭儿童和有特殊需要的儿童为重点关注对象在项目中发挥作用。

(一)管理部门及其职责:提前开端办公室直接主管

1. 直接管理部门:提前开端办公室

尽管教育部是负责统一处理联邦教育政策和经费的部门,但提前开端项目却隶属于联邦健康与人类服务部。该部门是美国政府对国民健康实施保护并提供必要服务的主要机构,重点为那些没有能力自助的群体提供服务。该部门服务范围包括300多个项目,涵盖多种活动,提前开端项目是其主要管理和服务对象。

健康与人类服务部下设儿童与家庭管理处,其下设立提前开端办公室,即原来的提前开端管理局(Head Start Bureau),负责管理各地方提前开端项目地区办公室(Regional Office)。各提前开端项目地区办公室下设三个机构:指导委

---

① U. S. Department of Health and Human Services. About ACF. [EB/OL]. http://www.acf.hhs,gov/acf_about.html. 2012-4-18.

② 美国国会:No Child Left Behind[DB/OL]. http://thomas.loc.gov/bss/d107/d107laws.html, 2011-7-2.

员会(Board of Director)、地区监督(Local Grantee)和政策委员会(Policy Council),具体负责各社区的提前开端项目。

2. 提前开端办公室的职责:制订计划、提供建议并部署实施

提前开端办公室就提前开端项目的相关问题为儿童与家庭部的助理秘书提供建议。该办公室负责提出立法提议和预算提议,决定研究领域、做示范、决定发展性活动,确定项目运营计划的目标和项目开展,监管经过批准的活动的进程。提前开端办公室还要负责对提前开端项目的活动进行领导和协调,以及负责提前开端项目与联邦政府机构和非联邦政府机构等机构的跨机构合作。

具体来看,提前开端办公室的任务包括:为地方公立与私立非营利机构和营利机构提供补助金,为处于不利经济条件的幼儿及其家庭提供综合性发展服务,尤其关注幼儿早期阅读和数学技能的发展;为幼儿及其家庭提供教育、健康、营养、社会服务,促进幼儿社会性和认知方面的发展,促进儿童入学准备;促进家长参与幼儿的学习并帮助幼儿在完成教育、读写及就业目标的过程中获得进步等。①

(二)各级政府、部门间的合作:注重与其他保育机构和州的合作

1. 与幼儿园和保育机构的合作

由于美国学前保教服务由不同部门主管,各项目又相对独立、缺少联系,所以学前保教服务就显得较为复杂,缺乏协作。提前开端项目、幼儿园教育等各有不同的目标,提供不同的服务,管理不同,受不同质量标准控制,且受资助程度也不同,结果导致各自为政。为得到全日、全年的保教,父母常常将孩子从一个地点转移到另一个地点,将多种服务拼接在一起。然而,每种服务都可能以很不同的方式来看护、教育孩子。这类复杂的安排会影响儿童保教的连贯性,而儿童本应与主要照料者间保持一贯性的稳定关系。② 为更好地满足儿童和家庭的需要,这些公共投资的学前保教项目正联合起来改善服务,减少项目的重

① 提前开端项目官网(2008).[EB/OL]. http://www.acf.hhs.gov/programs/ohs/about/index.html#prog_desc. 2008-10-19.

② Schilder, D., Kiron, E.,& Elliott, K. (2003). Early Care and Education Partnerships: State Actions and Local Lessons, p.18. [EB/OL]. http://ccf.edc.org/PDF/ecare_edupartner.pdf. 2010-9-15.

复和分散。通过共享保教资金和其他资源，这一合作定位于提供全日、全年的保教服务。联邦政府对这一合作给予了大力支持，举例来说，由提前开端项目办公室和儿童保育局资助的培训和技术援助项目——合作中的质量：学前教育伙伴关系计划（Quality In Linking Together: Early Education Partnerships，简称QUILT），即由联邦政府投资来提供资源，以促进州和地方水平的合作。QUILT鼓励和支持在提前开端项目、儿童保育、前幼儿园教育和其他项目之间，在当地、州、部族、地区及国家等层次上，建立提供全日、全年学前教育服务的合作关系。目前，QUILT计划推出了伙伴关系、联盟和协调技术（Partnerships, Alliances, and Coordination Techniques，简称PACT）项目来提供所需资源、培训和技术援助，以建立更加综合和协作的早期保教系统。如今，许多州在促进学前教育项目间的合作上都积累了相当丰富的经验，以更好地满足儿童及家庭对方便、高质、连贯的保教服务的需求。

总之，专家认为，提前开端项目和州幼儿园项目能够通过各自提供的服务充分地发掘幼儿的潜能，而且，这两个项目之间通力合作能够提高服务的效率和质量。自1990年起，提前开端项目办公室在各州设立提前开端项目州合作办公室以促进提前开端项目与州幼儿园之间的合作。各州近年发展的趋势之一就是拓展与个体服务机构的合作，共同为儿童及其家庭提供服务，各州以多种方式与提前开端项目合作。提前开端项目州合作办公室在发展并加强各州付出努力以通过连锁、合作、政策与服务的整合建立学前教育系统方面扮演着非常重要的角色。

2. 与各州和当地学区合作

美国联邦政府在直接管理提前开端项目、为其提供资金支持的同时，特别注重与各州和当地学区的密切合作，自1990年起，在各州设立提前开端项目州合作办公室（Head Start State Collaboration Office）以促进该项目与各州之间的合作。这些合作主要致力于：(1)支持早期教育系统的建立，帮助低收入家庭儿童获得综合性服务与各方面的援助；(2)鼓励提前开端项目和其他项目、服务及行动计划进行广泛合作；(3)评估提前开端项目，看其是否能够代表儿童和他们的家庭与地方的行动计划保持合作伙伴关系；(4)帮助提前开端项目参与到各州有可能影响该项目目标人群及其家庭的政策、计划、发展进程和决策中。2007年,《提前开端项目入学准备法案》(Head Start for School Readiness Act)规定:"继续提供为各州和每一个为美国印第安人提前开端项目和移民与季节性提前开端项目的联邦管理办公室拨款,以加强提前开端项目和各州当地为低收入家庭的儿童及其家庭提供服务的实体机构之间的合作。"[①]为提前开端项目提供的合作拨款主要基于以下期望:(1)各州能够指定或委派专人作为提前开端项目州合作办公室的主管;(2)各州能够确保提前开端项目办公室的州主管一职有足够的权威,以保障合作和工作开展的有效性;(3)州在选择提前开端项目州合作办公室主管、确定合作持续发展的趋势和方向时能够和提前开端项目办公室共同决策;(4)提前开端项目州合作办公室将帮助提前开端项目代理人与各州或当地计划合作实体单位之间合作,协调提前开端项目服务和州、当地儿童保育、福利、幼儿健康和教育服务,协调提前开端项目与社区服务活动、家庭读写服务、为残疾儿童及无家可归儿童提供的特殊服务;(5)提前开端项目州合作办公室主管要促进提前开端项目的课程和评估与提前开端项目儿童成果表现框架以及各州早期学习标准之间的结合;(6)评估提前开端项目当前的实施情况,并就关于为各州低收入家庭幼儿提供高质量早期教育与保育服务的关键问题提供指导。总之,提前开端项目州合作办公室在发展并加强各州以通过连锁、合作、政策与服务的整合建立全国性项目服务系统方面发挥着举足轻重的作用。

二、确保开端项目:以地方当局为管理核心的跨部门管理

确保开端项目的管理体制也深受英国教育管理体制和政府学前教育职责的影响。在英国,教育的宏观政策调控主要由中央一级的教育部门负责,而教育政策的具体实施和监督工作则由中央和地方的教育部共同负责。[②] 与提前开端项目类似,确保开端项目也是一个由中央政府直接创设主导、在国家宏观调

① Children's Learning Institute. Texas Head Start State Collaboration Office. [EB/OL]. http://cli. uth. tmc. edu/our - programs/program - overview/TX - head - start/2012 - 4 - 18.

② 马建生:《比较基础教育》,71 页,南京,江苏教育出版社,2008。

控下实施的大型学期教育推进项目,由“中央政府责成中央教育部门制定全面的指导性框架,督导机构对于目标和指标的实施过程进行监督,提供地方性的需求分析,而具体的项目由地方政府负责”①。中央政府对确保开端项目的上述管理权限深受英国中央政府学前教育职责的影响——中央政府负责制定学前教育政策、制度,统一学前教育课程标准,通过督导机构监察地方教育当局和教育机构并对其进行领导和管理,负责公立教育经费的财政投入,负责批准地方当局的教育预算、机构设置与教育计划,设专职督学对学前教育进行独立督导。②

(一)管理部门及其职责:两个部门共同负责

1. 主管部门:儿童、学校和家庭事务部与工作和养老金部

当前,确保开端项目由儿童、学校和家庭事务部及工作和养老金事务部(Department for Work and Pensions)共同负责。前者负责确保开端项目的计划、管理及专项拨款的提供,后者负责配合确保开端项目的实施,二者跨越部门界限,共同致力于确保开端项目的政策制定,以确保项目受益儿童的福祉。

2. 部门职责:主要负责项目的计划、管理和专项拨款的提供

2007 年夏天之前,确保开端项目的计划、管理及专项拨款的提供都由教育与技能部(Department for Education and Skills, DfES)③负责。从 2007 年 4 月起,地方当局接管其所属地所有确保开端项目的计划和管理职责④,教育与技能部则负责对地方当局资助的确保开端儿童中心拨款和指导,同时要求地方当局负责项目目标的达成。从 2007 年 4 月起,资金分配的决策也开始通过地区协议

---

① 王璐:《每个孩子都重要:英国全面关注处境不利儿童的良好发展》,载《比较教育研究》,2005(10),26 页。

② 英国议会:Childcare Act 2006. [EB/OL] http//www. opsi. gov. uk, 2011 - 8 - 3.

③ 英国先前最高的教育行政机构,其在学前教育方面的主要职责包括制定学前教育相关政策、颁布法令、制定发展规划等,并由教育大臣(the Secretary of State)直接负责学前教育事业的管理。

④ National Audit Office Report (2004). Early Years Progress in developing high quality childcare and early education accessible to all. [EB/OL]. www. nao. org. uk/publications/nao_reports/03 - 04/0304268. pdf. 2011 - 9 - 16.

(local area agreement)执行,以切实满足当地需要。[1]

2007年6月28日,新上任的布朗(Brown, J.)政府将教育与技能部一分为二,分别形成了儿童、学校和家庭事务部与创新、大学和技能部(Department of Innovation, Universities and Skill)。其中儿童、学校和家庭事务部负责制定有关儿童和青少年的政策,统筹政府各部门有关青少年和家庭的政策措施,确保年轻一代在安全的环境中成长,接受良好的教育。[2] 对包括确保开端项目在内的英国学前教育政策来说,新成立的儿童、学校和家庭事务部在以往学前教育职责的基础上,从儿童实际需要出发,"第一次将影响儿童各个方面的政策整合到一起"[3],积极推动学前教育相关政策的协调发展。它将会更加关注家长在优质的、整合服务中的中心地位,会把家庭需求放在首位,而不去考虑传统的机构设置和专业结构……这一整合不但能够鼓励家长参与,而且能更好地应对每个儿童在学习、健康及幸福获得方面面临的挑战。[4]

儿童、家庭和学校事务部下设有儿童和家庭司、通信司、法律司、合作服务司、青年司、非执行董事会成员、儿童和学习者等司局。在儿童和家庭司(局),有专门负责儿童早期教育、扩展学校(Extended Schools)和特殊需要群体的主管(Director),由此使得工作及养老金事务部(Department for Work and Pensions)和儿童、学校和家庭事务部联系起来。

(二)各级政府、多种部门间的合作:地方当局为关键,多部门协作

1.地方当局是实施确保开端项目的关键

确保开端项目的管理模式主要是地域分权,地方当局作为"自1997年以来

---

① National Audit Office Report (2007) Sure Start Children's Centres. [EB/OL]. www. nao. org. uk/publications/nao_reports/06 - 07/0607104. pdf.

② 胡乐乐:《布朗首相将英国教育部一分为二》,载《基础教育参考》,2007(9),22页。

③ 王志强、姜亚洲:《从教育部"分家"看英国中央教育行政机构的改革及其影响》,载《世界教育信息》2008(4),21页。

④ DCSF. (2007). The Children's Plan: Building brighter futures. [EB/OL]. http://www. dfes. gov. uk/publications/childrensplan/downloads/The_Childrens_Plan. pdf. 2011 - 8 - 7.

所有儿童保育和早期教育提供的主要贡献者”①,是确保开端项目管理结构中最重要的一环,在接受中央政府领导的同时负责项目的具体实施。具体来说,儿童、学校和家庭部通过确保开端项目向地方当局提供和分配资金,地方当局需要提供足够数量的服务机构——确保开端儿童中心,各个确保开端儿童中心的管理安排各不相同,具有一定灵活性。可以说,确保开端项目的管理不是一刀切式的,但所有地方当局都必须创建一个明确且强有力的决策体系,需要在中心层级即确保开端儿童中心建立顾问委员会(Advisory Board)。研究表明,有效的顾问委员会能够给确保开端儿童中心提供工作方向,还有助于其与协作机构和合作者更好地合作。②

具体来看,地方当局在确保开端项目管理中的主要职责包括:③

第一,为所有家庭提供连贯的服务模式。包括为 3 ~4 岁儿童提供免费保育,并将该服务扩大到每周 15 小时、每年 38 周;发展确保开端儿童中心,并将儿童保育和学校教育紧密联系起来;让家长了解相关信息;满足处境不利家庭的需要。

第二,实现可负担性和可持续性。要保证提供充足的儿童保育以满足当地家长需要;要与保育服务提供者及家长保持密切联系,从而更好地理解地方供给与需求,保证保育市场的平衡。

第三,提升服务质量。儿童早期服务的质量和儿童的社会、教育以及行为的发展结果直接相关。接受良好培训的教职员工、较低的人员更替、强有力的领导是保证服务质量的关键。地方当局应改善教职员工质量,建设良好的教师队伍,尤其是关注那些向 3 ~4 岁儿童提供灵活免费的早期服务的人员。

第四,保证多样性和选择性。需要保持和提高服务的多样性,从而保证家

---

① Arnold, R. (2005). Early Years and Childcare – the Sure Start Agenda: the Beacon Council Scheme Round 5[R/OL]. www.nfer.org.uk/publications/other.../pdf.../emiereport82orderform.PDF 2008-11-21.

② DfES (2007). Governance guidance for Sure Start Children's Centres and extended schools [R/OL]. http://publications.teachernet.gov.uk/eOrderingDownload/Governance%20guidance.pdf 2008-10-20.

③ Frequently Asked Questions about the use of Main Revenue Sure Start General Grant 2006 – 2008[R/OL]. http://www.surestart.gov.uk/2008-08-10.

长能够有多种选择。这就意味着要在儿童中心、扩展学校和私人及志愿部门之间建立联系，并向所有儿童服务机构提供有效的经济支持和建议。

2. 相关部门合作，实施整合式早期服务

加强相关部门的合作以促进学前教育的发展是当前英国学前教育改革的一项重要举措，这一趋势在确保开端项目的管理中也表现明显。在中央层面，儿童、学校和家庭事务部作为主要的教育行政部门就确保开端项目与就业及养老金事务部合作，并同卫生部、财政部等其他部门合作来协调确保开端项目的相关政策；而作为非行政政府部门的教育标准局则负责确保开端儿童中心的注册和督导工作。在地方层面，相关政策文本和法律明确规定了以地方当局为领导，并同其他相关伙伴合作促进儿童的良好发展。2003 年出台的《每个儿童都重要，为了儿童而改变》(Every Child Matters: Change for Children)指出，为了使所有儿童都获得理想的发展目标①，各相关机构必须围绕儿童的需要进行合作。2004 年的《儿童法案》和 2006 年的《儿童保育法》进一步明确了相关合作伙伴在共同促进儿童良好发展方面的职责。《儿童保育法》明确将地方当局、基础保育信托(Primary Care Trusts，简称 PCTs)、地方战略健康局(Strategic Health Authorities, SHAs)、特别就业中心(Job Centre Plus，简称 JCP)置于互惠职责(reciprocal duties)中，共同合作实施整合式儿童早期服务。② 与确保开端项目直接相关的包括：提供整合的早期保育服务来促进儿童 5 岁时的发展成就，缩小儿童之间的发展差距；确保提供充足的保育以供参与工作或培训的家长选择，提供和扩展更加灵活的方式以使 3 ~ 4 岁儿童获得法定要求的免费早期教育；为家长提供全面的信息等。③

---

① 该目标即儿童良好发展(well - being)的 5 项指标：健康(healthy)、安全(stay safe)、快乐且有所成就(enjoy and achieve)、做出积极贡献(make a positive contribution)、达到良好的经济状况(achieve economic wellbeing)。

② DCSF. (2008). Raising Standards—Improving Outcomes Statutory Guidance: Early Years Outcomes Duty Childcare Act 2006. [EB/OL]. http://www.surestart.gov.uk/_doc/P0002514.pdf . 2008 - 12 - 10.

③ DCSF, (2008). SURE START, EARLY YEARS & CHILDCARE GRANT: 2008 - 09 MEMORANDUM OF GRANT. [EB/OL]. http://www.surestart.gov.uk/publications/? Document = 1925. 2008 - 08 - 18.

三、儿童综合发展服务项目：中央主管并联合多级政府和部门

众所周知，印度是联邦共和制国家，其中央政府的权利是受限的，其组成部分即各邦保留一定程度的自治。一国的国体将对整个国家各个领域的管理体制产生深刻影响，教育领域也不例外。就儿童综合发展服务项目的管理体制而言，该项目采取的是由中央的妇女儿童发展部负责，其他多个部门共同合作，以邦为单位组织管理，地区提供技术支持，在街区层面实施，地区（社区）提供服务的由上到下各级政府相互协调的管理体制。

（一）管理部门及其职责：妇女儿童发展部直接负责

1. 主管部门：妇女儿童发展部

儿童综合发展服务项目的主管部门是妇女儿童发展部，其最重要的职责是使妇女儿童得到全面发展。1986 年之前，妇女和儿童问题是由社会福利部来处理。妇女儿童发展司始建于 1985 年，作为人力资源发展部下属的分支机构，为妇女和儿童的全面发展提供必要支持。到 2006 年 1 月 30 日，妇女儿童发展司升级为部。妇女儿童发展部下设四个自治组织：全国公共合作和儿童发展协会（National Institute of Public Cooperation and Child Development，简称 NIPCCD）、全国妇女信贷基金（Rashtriya Mahila Kosh）、中央社会福利董事会（Central Social Welfare Board，简称 CSWB）、中央收养资源中介处（Central Adoption Resource Agency，简称 CARA）。

2. 部门职责：制订计划、政策和法案，负责项目审批

作为推进妇女和儿童发展的核心部门，妇女儿童发展部负责制订计划、政策和项目，制定和修正法案，引导和协调政府与非政府组织共同致力于妇女儿童发展。近年来，儿童保护逐渐成为妇女儿童发展部关注的焦点，该部门负责为儿童创建一个强有力的保护性环境，提供各种资源，建立关于儿童保护的服务。妇女儿童发展部相信，保护儿童不可能由某一部门单独完成，其他各个社会部门都起到关键作用。这需要妇女儿童发展部充分调动各部门之间的合作来为每个儿童、家庭和机构提供安全的适宜成长的环境。

作为该妇女儿童发展部的旗帜项目，儿童综合发展服务项目得到了该部的

大力支持和重视。该部每年的年度计划、年度报告以及五年计划都将儿童综合发展服务项目作为儿童发展领域最为重要的一部分单独介绍。从儿童综合发展服务项目的设计和批准到儿童综合发展服务中心的建设，从地方项目的监督和管理到受益人信息的收集，从中央财政拨款的分配和发放到地方和中心各项开支使用规范的制定，从地方项目官员的选拔到中心工作人员的培训，妇女儿童发展部不仅在儿童综合发展服务项目中起到了重要的指导、运作、监督、管理和协调作用，还从该项目实施之初就积极通过设计和实施针对执行员工的“综合培训战略”来开展各级员工的能力建设。除了这些直接作用于儿童综合发展服务项目本身的行为之外，妇女儿童发展部还通过媒体和自身的宣传在群众中建立起促进儿童发展的意识，帮助儿童综合发展服务项目顺利开展和实施。

（二）各级政府、多个部门间的协作：多级政府和多个部门分工合作

1.从中央到地方，多级政府各司其职

从中央到地方，各级相关机构与部门对儿童综合发展服务项目都负有一定的管理责任。中央政府主要出台政策并控制整个项目的发展：制定步骤、规范和指导原则；确保项目信息、反馈的正常流通，密切监测项目运行；培训和帮助员工适应工作等。邦和联邦属地一级的主要职责是组织和管理儿童综合发展服务项目，主要涉及提供投入、供给品和设备流动；在邦一级监测项目运行，并解决操作问题。地区则主要负责支持和提供技术指导，确保定期提供供给品和设备；在实施过程中解决各种问题；提供技术支持，指导培训和帮助项目成员适应工作。街区和项目（block/project）是实施项目的一级，其任务包括采购、贮存和分配供给品；在现场协调日常运作；招新、补缺，并对管辖内人员提供培训和指导；动员社区支持和参与；吸纳相关的服务和投入；同时，开展多项服务活动。最后一级是地方，也是服务执行的基础层级，主要负责确保最大限度地覆盖项目目标人群；在社区提供教育和准备；动员社区支持和参与，从而更好地提供项目服务。[①]

---

① Ministry of Women and Child Development. (2006). Working group on development of children for the eleventh five year plan (2007 - 2012)—A report. [EB/OL]. http://wcd.nic.in/. 2010 - 6 - 16.

在“十一五”计划期间，儿童综合发展服务项目对现有实施框架进行了全国范围内的重新建构，即在国家、邦和地区三个层面建立起更加负责和灵活的结构，进而更有效地促进项目快速执行，加速实现项目目标。①

2. 从教育到宣传，多个部门协调合作

儿童综合发展服务项目尽管由妇女儿童发展部负责，但其他相关部门也负有共同合作职责，主要包括：(1)学校教育与扫盲部(Department of School Education and Literacy)负责使小学和儿童发展服务中心的时间安排同步，让女童能够从照顾弟妹的负担中解脱出来，进入小学学习；在建立儿童综合发展服务中心时尽可能考虑小学的位置，在儿童综合发展服务项目和小学之间建立联系；充分利用培训机构培训工作人员，发展教师能力；为儿童提供综合预防课程，帮助儿童掌握处理危险和意外的知识与技能；提供行为训练，让儿童知道如何求助并获得交流技能；开展全纳教育并为残疾儿童(包括有学习障碍的儿童)提供有针对性的补救措施；防止儿童暴力事件的发生，并对其进行监督和报告；杜绝学校和教育机构中的体罚现象。(2)法律和公正部(Ministry of Law and Justice)负责提高有关儿童权利的立法水平，建立适宜儿童的法律程序；定期报告法律实施情况和约束力；在公正管理过程中(in the justice-administration process)监督适宜儿童的法律程序。(3)社会公正与授权部(Ministry of Social Justice and Empowerment)为儿童综合发展服务项目工作者培训中心设计特殊培训课程；帮助儿童综合发展服务中心的工作人员及早发现儿童残疾；在人口密集地区协调参与服务、执行服务并解决非歧视问题；协调治疗和康复服务；设置专业的青少年戒毒中心来挽救毒品成瘾儿童；为有精神问题或有发展障碍的儿童设置综合的专门学校等。(4)健康与家庭福利部(Ministry of Health and Family Welfare)负责在基础保健中心/社区健康中心/分中心/区医院设立专门服务台接诊儿童综合发展服务中心工作人员；在部门会议及基础健康中心会议中，讨论相关案例情况；确定儿童综合发展服务中心工作者和辅助接生护士(ANM)进行家访的日期和时间；通过监管人员向儿童综合发展服务项目覆盖区域提供维生素等。

---

① Ministry of Women and Child Development. (2006). Sub group report—ICDS and nutrition in the eleventh five year plan (2007 – 2012). [EB/OL]. http://wcd.nic.in/. 2009 – 6 – 16.

(5)农村发展部(Ministry of Rural Development)负责为儿童综合发展服务中心建设规划出适当的农村发展经费,通过儿童综合发展服务中心提供公共卫生间及下水、无烟炉灶等设施。(6)村务委员部(Ministry of Panchayati Raj)①负责社区基层工作,在村务委员协会(Panchayati Raj Institutes,PRIs)选择儿童综合发展服务中心工作者和助手(Anganwadi Helpers, AWH)、营养补充受益人的督导;提供场地和建筑、营养和健康教育、母亲和儿童日(Mother & Child Days)的活动;在社区和最基层支持项目的管理,计划、实施(包括采购,烹饪和分配食物)并监督和掌控儿童综合发展服务项目的各项具体工作;努力提升营养、教育和健康服务水平,向儿童综合发展服务中心提供建筑;确保少数民族等社区弱势群体接受综合发展服务等。(7)住房和城市扶贫部(Ministry of Housing and Urban Poverty)负责在社区中心为儿童综合发展服务中心提供场地,建立城市贫穷人口数据信息系统,为流浪儿童提供短期收容所等。(8)信息和广播部(Ministry of Information and Broadcasting)负责在社区中建立利于儿童生存、发展和保护的环境;营造尊重儿童权利和发展的社会氛围;给儿童提供发言的机会和空间,让他们能够接近影响儿童生活的决策者和政治人员等。②

综合来看,从管理部门来说,美、英、印三国都设立了专门的项目主管部门,并对其职责进行了明确规定。区别在于,提前开端项目和儿童综合发展服务项目均由单一部门主管,确保开端项目实行两个部门共同负责的模式。从各级政府、部门之间的合作来说,三个项目均重视多级政府、各级部门之间的有效合作,如提前开端项目注重与州幼儿园之间的合作;确保开端项目以地方当局为实施关键,强调不同部门之间的分工协作;儿童综合发展服务项目倡导从中央

---

① 印度农村地方政府体系总体上可称为潘查亚特制度(Panchayati Raj)。潘查亚特也叫评议会,指的是由选举产生的农村地区各方面的代表组成的会议组织。它是印度农村基层民主的主要表现形式,是印度地方基层社区组织制度的显著特色。总的来看,印度各邦的潘查亚特制度大都分为三级潘查亚特,其基本组织方式是,一个或数个自然村经村民大会直接选举代表组成村潘查亚特(Village Panchayat)作为该制度的基层组织。若干村潘查亚特组成区潘查亚特(Zilla Panchayat),全县的区潘查亚特组成县潘查亚特(Panchayati Samiti)。郑前程:印度地方财政述评:公共财政与乡村治理学术研讨会论文集(上卷)[EB/OL]. http://www.chinarural.org/newsinfo.asp? Newsid=15571 2008-6-20.

② Ministry of Women and Child Development (2006). Working group on development of children for the eleventh five year plan (2007-2012)—A report. [EB/OL]. http://wcd.nic.in/. 2008-6-16.

到地方、从教育到宣传的多个部门的分工合作。

第四节　美、英、印学前教育推进项目的投入体制

提前开端项目、确保开端项目和儿童综合发展服务项目都得到了来自其各自政府的不断加大的经费投入，美、英、印三国政府都通过相关法律及政策明确了各级政府特别是中央政府的项目投入责任。具体来看，提前开端项目以联邦政府拨款为主，地方政府进行补充支持；确保开端项目由中央专项拨款，地方政府统筹资金流向；儿童综合发展服务项目以中央财政拨款为主要经费来源，并获得地方政府支持。本节将从经费来源与分配这两个方面对三个项目的投入机制进行比较分析。

一、提前开端项目：联邦政府拨款，地方补充支持

近年来，美国政府日益注重对学前教育的财政投入和保障，政府投入在整个学前教育经费投入中逐步占有较大比例，成为美国学前教育发展关键的经费保障。据《2010 年全球教育摘要》(Global Education Digest)的数据显示，2008 年，公共资源占美国 3 岁及 3 岁以上儿童学前教育机构总开支的 77.6%。[①] 而联邦政府的财政经费主要用于贫困儿童和残疾儿童，为 3 ~ 5 岁处境不利幼儿提供综合的补偿教育，为低收入和依靠福利生活的家庭提供资助，关注幼儿的健康和营养，并由教育部、健康和人类服务部等部门联合负责管理和分配经费。[②] 面向处境不利儿童及其家庭的提前开端项目属于健康与人类服务部大宗拨款的主要对象并得到立法保障，其拨款数额呈稳定增长趋势，经费的具体分配与使用也得到法律的明文规定与保证。

(一)经费来源：联邦政府将"整笔补助金"拨付给项目代理处

提前开端项目的经费主要由联邦政府直接拨付(约占总额度的 80%)，并

---

① UNESCO. (2010). Institute for Statistics. Global Education Digest 2010 . Montrea: Canada, 2010.

② 蔡迎旗：《幼儿教育财政投入与政策》，213 页，北京，教育科学出版社，2007。

由州政府提供配套经费支持(约占20%)。联邦政府对提前开端项目的经费支持以整笔补助金(Block Grant)的方式实现,直接投入到提供服务的相关项目或项目代理处,专门用于某一领域,有点类似于专项拨款,但是目标和资金花费不像专项拨款要求得那么严格。整笔补助金的好处就在于允许地方政府就如何花费补助金做出不同方式的尝试,只要目标相同就可以。具体来看,提前开端项目各州执行主席首先根据实际需要做出预算,再向联邦政府提出申请,经过联邦政府审核后直接给各服务代理处提供财政拨款。与此同时,提前开端项目还规定,除有关决策机构外,任何人无权终止、延缓或者减少提供给提前开端项目各机构的资金。① 也就是说,提前开端项目的财政拨款是联邦政府直接拨付给项目的,跳过了中间的州政府和地方当局,避免了对财政拨款的滥用和挪用,保证了经费使用的有效性。

美国联邦政府对提前开端项目的财政预算呈现稳步增长的趋势。在1965年夏天,提前开端项目只有9 640万美元的拨款和2 000个活动中心,之后,提前开端项目不断发展壮大,政府对其的投入也不断增多。1980年之后,联邦政府对提前开端项目的拨款明显增长,且在1990年之后增长幅度更趋明显,在1999年达到470亿美元,2000年达到527亿美元,为每个入读提前开端项目的幼儿的投入为每年7 276美元。② 2007年《提前开端项目入学准备法案》(Head Start for School Readiness Act)计划在2008年为该项目拨款73.5亿美元,2009年拨款76.5亿美元,2010至2012年拨款79.95亿美元。③ 不断增加的政府投入使得该项目服务的儿童也极大地增多,截止到2009年,提前开端项目惠及儿童达2 700万。④ 可见,联邦政府稳定且呈上升趋势的财政投入持续扩大着提

① Conference Report to Accompany H. R. 1429. Improving Head Start for School Readiness Act Section by Section Summary. pp. 1 ~ 2.

② The State of Preschool—2006 State Preschool Yearbook—National Institute for Early Education Research, 2006. p. 5.

③ CONFERENCE REPORT TO ACCOMPANY H. R. 1429 Improving Head Start for School Readiness Act Section by Section Summary. p. 1 ~ 2.

④ Department of Health an Human services. Head Start Program Fact Sheet: Fiscal Year 2010. [EB/OL] http://eclkc. ohs. acf. hhs. gov/hslc/Head% 20Start% 20Program/Head% 20Start% 20Program% 20Factsheets/fHeadStartProgr. htm, 2011 - 2 - 23.

前开端项目的儿童参与数量，使更多符合条件的处境不利儿童受益。

表 2－3　美国联邦政府对提前开端项目的拨款数额及项目受益儿童人数①

年份	1965	1970	1975	1980	1985	1990	1995	2000	2005	2009
投入（亿美元）	0.96	3.26	4.04	7.35	10.75	15.52	35.34	52.67	68.72	71.10
人数（万名）	56.1	47.74	34.9	37.6	45.21	54.09	75.07	85.77	90.6	90.4

《2007 年改进提前开端法案》对 2008—2012 年提前开端项目的资金授权做了如下规划，表明联邦政府在立法上保障了该项目的资金配置，其授权资金额度仍呈现逐年递增的趋势。具体见表 2－4。

表 2－4　2008—2012 年提前开端项目财政年度授权资金②

财政年度	授权资金额度（美元）
2008 年	7 350 000 000
2009 年	7 650 000 000
2010 年	7 995 000 000
2011 年	大致同 2010 年数据
2012 年	大致同 2010 年数据

（二）经费分配和具体花费情况：根据法律规定细化额度

提前开端项目每五年授权一次，在授权法案中会对未来五年的财政预算做出规定。2007 年，《提前开端项目入学准备法案》就规定了该项目近五年内的财政预算额度，且明确了各项花费细则。

① Office of Head Start. (2006). Head Start Program Fact Sheet: Fiscal Year 2010. [EB/OL]. http://www.acf.hhs.gov/programs/ohs/about/fy2010.html. 2011－5－16.

② http://www.whsaonline.org/Improving%20HS%20Act%20of%202007/Conference%20Report%20section%20by%20section%20final%20_2_.pdf, 2008－11－7.

1. 明确三大项分配额度

(1)预留资金。每个财政年度,教育秘书处将留出总资金额度的2.5% ~ 3%用于各州提前开端教师培训和技术支持活动。其中20%要留给早期提前开端项目,剩余资金用于资助其他提前开端项目的活动,包括不低于50%的资金直接提供给提前开端项目各机构自己支配,不低于25%的资金提供给秘书处以支持培训(包括专业发展和技术支持),剩余部分保留以备秘书处不时之需(援助提前开端项目各机构)。秘书处还要留出最多不超过2 000万美元的资金用于支持研究、论证和评价活动。2008—2012年,每年有70万美元用于该项目的实施效果研究,还有不超过4 200万美元用于项目机构的监测。秘书处还可留出2%用于资助地方学区。

(2)生活花费和项目扩展。在资金允许的情况下,秘书处要就剩余资金的具体情况增加提前开端项目机构生活花费的投入;为印第安人提前开端项目提供1 000万美元的拓展资金,为移民与季节性提前开端项目提供1 000万美元。

如果剩余资金不足以满足这些要求,那么2008—2010财政年度,秘书处要为印第安人提前开端项目和移民与季节性提前开端项目各提供剩余资金的5%用于项目扩展。将剩余资金的90%用于确保各机构生活花费的提高。如果资金不足以保留下来用于印第安人提前开端项目和移民与季节性提前开端项目的扩展投资,那至少要保证50%用于提高生活花费。对于2011财政年度及之后的各财政年度,秘书处将为每个机构提供资金,用于生活花费的提高,并且为印第安人提前开端项目和移民与季节性提前开端项目提供相等数量的资金。在5年授权期间,印第安人提前开端项目获得的用于项目扩展的资金累积起来应不超过5 000万美元;移民与季节性提前开端项目同样如此。为印第安人提前开端项目和移民与季节性提前开端项目提供的扩展投资应保证能用到下一财政年度末,以保持供应的持续性。

(3)剩余资金。对于每一财政年度的剩余资金,秘书处将留出40%用于支持提升项目服务质量的相关活动,45%用于资助提前开端项目的拓展,15%用于支持州早期教育委员会的发展壮大。如果两年之后,秘书处没有接到早教委员会的财政申请表,这笔资金将根据分配方案重新分配。如果剩下的资金还不能满足这些活动的财政需求，秘书处必须留出全部资金的45%用于支持提升项目服务质量的活动，留出55%用于提前开端项目拓展。

① 40%用于支持提升质量的相关活动。秘书处将留出其中的10%支持提前开端项目代理机构（包括早期提前开端项目代理机构）的发展。而这10%的资金中将有90%分配给注册提前开端项目代理机构（包括早期提前开端项目）的儿童。这样的资金分配还要考虑到代理机构是全天项目还是全年项目。用于提升质量的资金中至少要有50%用于执行具体活动，包括改善教职员、家庭服务工作者和儿童的补助与津贴；用于提升质量的资金也要支持为特殊儿童群体提供的服务，改善代理机构的物质环境，雇用其他合格的员工，增加项目运行的时间，改进社区范围的战略计划和需求评估，改善交通，提高代理机构教职员工的补助。

② 45%用于资助拓展项目的相关活动。45%用于提前开端项目的拓展，在5年内通过分配方案提供给各州，分配的标准基于项目是否为60%的合格参与者或者更少的参与者提供服务。第一年，秘书处将30%的资金拨给那些服务不足60%的项目，剩余的70%的资金将平均分配给所有的项目。第二年的分配比例是40∶60，第三年的分配比例是50∶50，第四年和第五年的分配比例是55∶45。

2. 资助地方提前开端项目是主要用途

提前开端项目的拨款主要用于资助地方提前开端项目，主要包括各州和地方学区的项目以及美国印第安人和移民项目（包括美国印度—阿拉斯加州本地人和移民与季节性项目）。资助活动主要包括培训和技术支持，研究、调查和评价，监测和项目评估。2005—2008年，提前开端项目平均每年用于地方项目的资金均在65亿~66亿美元；而用于资助活动的金额则在2.2亿~2.3亿美元，投资金额稳定。

表 2-5　2005—2008 年提前开端项目花费①

（单位：亿美元）

项目 \ 年度	2005	2006	2007	2008
各州和地方项目		60.86	61.79	61.69
美国印第安人和移民项目 美国印度—阿拉斯加州本地人和移民与季节性项目	4.73	4.69	4.76	4.75
小计	66.09	65.55	66.55	66.44
资助活动				
培训和技术支持	1.74	1.64	1.75	1.75
研究、调查和评价	0.20	0.20	0.20	0.2
监测/项目评估	0.39	0.38	0.39	0.39
小计	2.33	2.22	2.34	2.34
总计	68.42	67.77	68.88	68.78

二、确保开端项目：中央政府单列项目拨款，地方统筹资金流向

英国学前教育经费以政府投入为主，以 2007 年为例，英国 3 岁及 3 岁以上儿童学前教育机构总开支的 86.1% 来自公共资源。② 作为政府发起的大型学前教育项目，确保开端项目同样以政府投入为资金主要来源，且由中央政府做出财政预算，将经费拨付给各个地方教育当局，地方当局根据各地不同情况统筹安排资金流向。

（一）经费来源：政府通过专项拨款将项目经费拨付给地方当局

英国确保开端项目属于分权制的投资管理模式，中央政府做出财政预算将经费拨付给各个地方教育当局，地方当局根据各地不同情况统筹安排资金流向。

---

① http://www.acf.hhs.gov/programs/ohs, 2010-01-22.

② OECD. (2010). Education at a Glance 2010: OECD Indicators, p. 234.

1. 拨款数额及增长趋势

英国中央政府通过专项拨款等方式为确保开端项目的发展提供坚实后盾和有力支持,在该项目的经费来源中占据相当大的比重。中央政府通过《预算拨款法》(Appropriation Act)(以下简称《拨款法》)对教育经费进行专项拨款,其中,以确保开端项目为核心的《确保开端、儿童早期教育和保育拨款》(以下简称SSEYCG)可以说是学前教育预算的专门单列预算。近年来,SSEYCG 数额逐渐递增,2007—2008 年度预算拨款的数额约为 17.6 亿英镑①,大约是 2003—2004 年度预算拨款数额(约 5.3 亿英镑)②的 3 倍多;2010—2011 年增加到 36 亿英镑,其中一半的预算用以支持确保开端项目。具体来看,政府对确保开端项目的拨款从 2002—2003 年度的 6.8 亿英镑增加到 2007—2008 年度的 18 亿英镑,2010—2011 年增加到 19 亿英镑。③

表 2-6 2002—2007 年《拨款法》对确保开端项目的预算拨款数额④

(单位:百万英镑)

财政年度	2003—2004	2004—2005	2005—2006	2006—2007	2007—2008
批准的预算拨款数额(Net Resources authorised for use)	529.894	889.411	722.392	1 705.843	1 759.379

政府已经指定部分资金用于确保开端儿童中心发展。每个中心能够为 800

① 英国议会:Appropriation (No.2) Act 2007. [EB/OL] http://www.opsi.gov.uk/acts/acts2007/pdf/ukpga_20070010_en.pdf. 2011-8-12.

② 英国议会:Appropriation Act 2003. [EB/OL] http://www.opsi.gov.uk/acts/acts2003/pdf/ukpga_20030013_en.pdf. 2011-8-12.

③ Hakim, C, Bradley, K, Price, E & Mitchell, L. Little Britons: Financing Childcare Choice. [R/OL]. www.policyexchange.org.uk/assets/little_britons.pdf. 2011-10-19.

④ 根据 2003—2007 年的拨款法整理而成。这里对拨款法进行一些简单的说明,以 2003 年拨款法为例,在 2003 年的拨款法中,会对 2002—2003 年度的各项预算拨款的增补情况进行说明,同时列出 2003—2004 年度批准的各项预算拨款。表中主要列出每年度批准的各项预算拨款,补充的数额每年都有所不同,有的财政年度批准的补充拨款可高达 1.9 亿英镑。

个5岁以下儿童提供服务，如果按照这样的分配来计算，儿童中心里的每个儿童每年的经费约为420英镑，这些经费涵盖儿童中心的所有服务，包括儿童保育服务的扩大、健康改善和情感发展、支持家长养育孩子同时支持家长工作，还包括员工、行政和管理费用。[①]

表2-7　2002—2003年到2010—2011年确保开端项目经费

（单位：百万英镑）

	2002—2003结算	2003—2004结算	2004—2005结算	2005—2006结算	2006—2007结算	2007—2008估计结算	2008—2009计划	2009—2010计划	2010—2011计划
资源提供Resource DEL	648	604	728	929	1 060	1 160	1 278	1 506	1 626
资本提供Capital DEL	32	116	193	310	287	602	295	383	315

2. 拨款的基本结构

SSEYCG主要用来实施政府《家长的选择，儿童最好的开端：儿童保育十年战略》的相关动议。该战略明确表达了政府的意图，即在促使家长平衡工作和家庭需要的同时，确保为每个儿童提供最好的开端。《儿童保育十年战略》承诺要对保育和早期教育增加投入，其战略目标在于为家长提供灵活、高质量、可负担和易于获得的早期供应，使所有的儿童都能获得高质量的早期教育和保育，满足家庭的需要。而拨款的具体用途则会根据本年度一些新的法案和政策文本来进行调整。例如，2008—2009年度的拨款还将用于《儿童计划：创建美好未来》中所设定的目标以及2006年《保育法案》中相关职责的履行，包括地方当局和相关部门的合作、提供整合服务促进儿童在5岁时的发展成就、缩小儿童之

① Hakim, C, Bradley, K, Price, E & Mitchell, L. Little Britons: Financing Childcare Choice. [R/OL]. www.policyexchange.org.uk/assets/little_britons.pdf 2008-10-19.

间的发展差距以及为家长提供全面的信息服务等。

SSEYCG 由儿童、学校和家庭事务部以限制性拨款(Ring-Fenced Grant)的方式分配给地方当局。① 儿童、学校和家庭事务部会就拨款的结构和主要的资金流向向地方当局进行说明。以 2007—2008 年度为例,政府向确保开端项目的投入分为几块,表 2-8 列出了 2007—2008 年度拨款的基本结构和资金流向。

表 2-8　确保开端、早期教育及儿童保育资金流向

主要国家财政投入 (Main Revenue②)	确保开端儿童中心,不包括原先的确保开端地方项目 为实现充足和可获得的儿童保育提供支持 支持早期教育发展结果,质量和全纳性(inclusion) 本科毕业领导人基金③(Graduate Leader Fund) 扩展学校(只有 2008—2009 年度) 早期基础阶段(EYFS)实施培训(只有 2008—2009 年度)
确保开端地方项目	提供确保开端儿童中心的资金(即原来的确保开端地方项目)
为残疾儿童提供的儿童保育可达性项目	为残疾儿童提供的儿童保育可达性项目(只提供给参加该项目的当局)
2 岁儿童试点(2 Year Old Pilots)	早期教育试点扩大(只提供给参加该项目的当局)
0~7 岁合作试点(0~7 Partnerships Pilots)	0~7 岁合作试点(只提供给参加该项目的当局)
为残疾儿童制订高目标(Aiming High for Disabled Children)	转型中的短期休息服务(Transforming short breaks services)

① 2006 年的地方政府白皮书引入了一种新的拨款机制,在这一框架下会减少限制性拨款,而确保开端、儿童早期和保育拨款仍然属于其范畴。

② Revenue 收入:从各种来源的政府收入拨给支付公共支出的费用。

③ 本科毕业领导人基金:该基金设置到 2015 年,用来帮助激励招收和保持本科毕业的领导人,从而保证每一个全日制的日托机构都有一个本科毕业生来领导,在处境不利地区需要有两个领导。

(二)经费分配:趋于多元,偏向弱势群体

儿童、学校和家庭事务部在2008年初制订的"确保开端、早期教育以及儿童保育拨款:2008—2009年度拨款备忘录"(Sure Start, Early years & Child care Grant: 2008—2009 Memorandum of Grant)详细介绍了拨款的目标、重点以及分配的结构。

1. 经费分配目标

经费分配的目标主要包括以下两点:首先,所有的确保开端、早期教育以及儿童保育投入应当支持政府的十年儿童保育战略的实施,保证每一个儿童获得有可能的最优的人生开端,并给予家长更多的选择来权衡工作和家庭生活。其次,资金应支持2006年儿童保育法案中的职责,强调地方当局作为儿童保育和儿童服务战略领导的关键作用。地方当局及其健康服务以及职业中心的合作人需要:通过提供综合的早期服务来改善发展结果,缩小5岁儿童之间的差距;保证有充足的儿童保育可以提供给要参加工作和培训的家长,包括给3~4岁儿童提供扩大的、在可能的地区提供更加灵活的免费服务;给家长提供全面综合的信息。①

2. 重点和挑战

确保提前开端项目在近几年的关注点及其经费的分配应着力的几个方面。

(1)扩大服务范围。2008年4月开始致力于缩小为工作家长提供的儿童保育与其实际需要之间的差距,尤其注意低收入和家里有残疾儿童的家长的需要。

(2)实现儿童平等。切实降低成绩最低儿童和其他儿童之间的成绩差距。这需要在保证所有5岁儿童更好地发展的背景中进行。

(3)提升服务质量。重点关注提升整个系统标准,以及形成持续的提升系统质量的氛围。监测进步成果并确定目标来源,加强与地方当局的联系,更有效地使用自我评价工具,在私人、志愿部门和独立部门中保证有更多的研究生指导实践。

---

① Holloway, C. Sure Start, Early Years and Childcare Grant: 2008 – 09 Memorandum of Grant. [R/OL]. http://www.surestart.gov.uk/2008 – 08 – 10.

(4)促进项目公平。重新检查到2010年实现每个社区一个确保开端儿童中心的实施计划,保证这些资金和资源能够公平地分配给各个地方以支持所有的儿童服务,同时重点关注并满足处境最不利家庭的需要。

(5)关注残疾儿童。为残疾儿童的短暂休息服务(short break services)做充足准备。

表2-9列出了从1997年政府在确保开端项目的框架下发起的关注贫困地区和处境不利儿童早期教育和保育的关键动议及其财政投入。

表2-9　早期教育和保育的关键动议

动议	主要内容回顾	发起日期	投入
早期优异中心(Early Excellence Centres)	作为为幼儿和家长提供整合服务的模板而建立;提供整合的保育、儿童和成人教育以及家庭支持;关注社会融合以及为处境不利家庭提供帮助	从1997年12月起试行	从1997年到2003年的总投入为9 500万英镑
校外保育计划(Out of School Childcare Scheme)	主要为学龄儿童提供在正常学校时间外(包括学校假期)的保育	1999年4月	1999—2003年,通过新机会基金共投入了2.35亿英镑
确保开端地方项目(Sure Start Local Programmes)	是一项基于地区的政府动议,目标在于促进0~4岁儿童及其家庭的健康和幸福。它通过提高保育的可获得性,促进幼儿的健康、教育和情感发展,为家长提供一系列的支持服务来达成上述目标;项目关注于发展贫困地区的支持性服务来促进地区发展;到2003年年底,共有524个确保开端地区项目,服务于绝大多数的贫困社区	1999年4月	从1999到2004年,投入7.6亿英镑

续表

动议	主要内容回顾	发起日期	投入
社区托儿所和社区保育动议(Neighborhood Nursery Initiative and Neighbourhood Childcare Initiative)	在20%最贫困的地区建立;在2001年,社区托儿所项目致力于为在英格兰最贫穷地区的5岁以下儿童创设45 000个高质量的、可获得的和可负担的一体化的服务场所;计划在2004年建立45 000个服务场所;目标在于通过一个包括公立、私立以及志愿团体在内的早期供应者的混合系统来满足当地儿童和家长的需要;绝大多数供应者为0岁到学龄阶段的儿童提供包括全天保育在内的早期教育;同贫困地区的社区保育和校外俱乐部的发展相结合	2001年1月	2001—2004年,教育和技能部投入了2.03亿英镑,并通过新机会基金投入了1亿英镑
小型确保开端(Mini Sure Starts)	在农村地区和一小部分贫困地区建立的小型确保开端地方项目	2002年3月	两年内投入2 200万英镑
儿童中心(Children's Centres)	确保开端儿童中心的一个核心目标就是通过高质量的包括早期保育、健康服务和家庭支持在内的整合服务来缩小最贫困地区的儿童与他们同伴之间的发展差距;建立在确保开端地方项目(Sure Start Local Programmes)、社区托儿所(Neighborhood Nurseries)、早期优异中心(Early Excellence Centres)的基础之上。2007年10月已经建立起1 325个确保开端儿童中心,为超过100万儿童和他们的家长提供包括早期教育、保育、健康和家长服务等在内的整合服务;目标是到2008年建成2 500个儿童中心,确保处境最不利的家庭可以获得儿童中心所提供的早期教育、家长支持和其他服务。到2010年,计划建成3 500个儿童中心,实现每个社区有一个儿童中心	2003年3月	2003—2006年,投入了4.35亿英镑(包括先前分配到社区托儿所动议中的部分);2006—2008年,向地方当局的分配用于确保开端儿童中心的经费高达18亿英镑

资料来源:National Audit Office Report(2004).
Early Years Progress in developing high quality childcare and early education accessible to all. www.nao.org.uk/publications/nao_reports/03 – 04/0304268.pdf.
由于该资料是2003—2004年度的,所以在此基础上根据其他的资料做了一些增补。

三、儿童综合发展服务项目:中央政府将预算拨付给项目中心

充足的经费是儿童综合发展服务项目实施的根本保证,尽管印度并非发达国家,并且教育经费大量流入高等教育领域,但政府对儿童综合发展服务项目的投入却并不吝啬,其每一个五年计划中都有一定数量的项目经费预算,其财政拨款的数量和增幅都显示了政府实现教育公平发展的决心。此外,国际组织的资金援助也对儿童综合发展服务的发展发挥了重要作用。

(一)经费来源:中央财政预算是主要来源

儿童综合发展服务项目由印度政府统一规划、统一预算,其经费除一些非政府组织等的捐赠外,主要由印度政府投入。

1. 中央财政预算是项目经费的主要来源

随着儿童综合发展服务项目的不断发展,中央政府对项目的投资有了显著增长。第八个五年计划(1992—1993 年到 1996—1997 年)时期的投资是 260 亿卢比,到第十个五年计划时已达到 1 168 亿卢比。① 而且在第十个五年计划期间,即 2002—2007 年的财政拨款也在不断增加,2006—2007 年的拨款数额相比 2004—2005 年度增加了一倍。截至 2008 年 3 月 1 日,印度政府对该项目的拨款(不包含营养补充)已达到 282 亿卢比。2007—2008 年度,政府对该项目的财政预算是 310 亿卢比。此外,政府预计拨付的营养补充经费原本预计是 180 亿卢比,实际预算则是 206 亿卢比。2008—2009 年度,政府对该项目的财政预算是 401 亿卢比,2009—2010 年度的财政预算是 1 178 亿卢比。②

到第十一个五年计划(2007—2012 年)期间,印度政府对该项目的预算继续呈数倍增长。政府还对投资做了细致规划,大到所有项目,小到办公室的设

---

① Ministry of Women and Child Development [EB/OL]. http://wcd.nic.in/ 2008 -7 -16. 该数字与妇女儿童发展部 2007—2008 年度报告的财政预算数字略有出入,本书选用了妇女儿童发展部官方网站公布的数字。

② Ministry of Women and Child Development, Government of India. Annual report 2007—2008[R/OL]. http://wcd.nic.in/. 2008 -6 -16.

备、家具等都有具体规范，五年的投入总计达到 4 440 亿卢比[①]，较之上一个五年投入的 1 168 亿卢比又增加了尽 3 倍。足见印度政府对儿童综合发展服务项目将给予更多的关注和支持。

2. 地方政府逐渐成为重要分担者

中央财政投入在整个项目投入中占据很大比例，但随着项目的扩大，其投入分担模式也在发生变化。在 2005 年以前，儿童综合发展服务项目一直是由中央政府出资并通过邦/联邦属地政府实施的，中央政府提供 100% 的财政扶持，邦政府提供营养补充。妇女儿童发展部近年对儿童综合发展服务项目的投入模式做出一定调整，从 2005—2006 年度起，中央政府向邦提供 50% 的补充营养资助，邦政府只需要出 50%，中央政府提供指导。[②] 这种拨款方式加强了中央政府在营养补充方面的领导力。2007 年以来，妇女儿童发展部门逐渐意识到，儿童综合发展服务项目需要在中央和邦政府之间建立长期的财政合作关系，从而使该项目可持续地发展下去。在第十一个五年计划中，政府尝试重新构建该项目的财政分担模式，即加大地方政府的财政投入力度，使儿童综合发展服务项目在地方层面（主要是邦一级）具有更大的灵活性，并通过这一改变加速消除儿童营养不良现象。儿童综合发展服务项目的预算在“十一五”计划期间变为中央政府和地方政府的分担比例为 85∶15，到第十二个五年计划时达到 75∶25，并逐步达到 50∶50。[③]

3. 国际、国内第三部门提供大量资金补充

“第三部门”指处于政府与企业之间的社会组织，它们从事的往往是政府“不愿做、做不好，或不常做”的事，弥补了许多政府和市场失灵时的投资缺位。20 世纪 80 年代以来，第三部门在世界范围内得到空前发展。[④] 儿童综合发展

① Ministry of Women and Child Development (2006). Working group on development of children for the eleventh five year plan (2007—2012)—A report. [EB/OL]. http://wcd.nic.in/ 2008-7-16. Ministry of Women and Child Development. (2010) Integrated Child Development Services (ICDS) Scheme http://wcd.nic.in/icds.htm. 2011-2-14.

② Ministry of Women and Child Development[EB/OL]. http://wcd.nic.in/ 2008-7-16.

③ Ministry of Women and Child Development(2006). Working group on development of children for the eleventh five year plan (2007—2012)—A report. [EB/OL]. http://wcd.nic.in/ 2008-7-16.

④ 吴锦良：《政府改革与第三部门发展》，110 页，北京，中国社会科学出版社，2001。

服务项目也得到了许多第三部门主要非政府组织包括世界粮食计划署(World Food Plan,简称 WFP)、联合国儿童基金会(United Nations International Children's Emergency Fund,简称 UNICEF)、国际关怀协会(Cooperative for Assistance and Relief Everywhere, Inc,简称 CARE)①、世界银行(World Bank)等的支持,对项目发展起到了重要的支持作用。

(1)联合国儿童基金会。自 1949 年以来,联合国儿童基金会一直致力于帮助印度弱势儿童与母亲。1997 年,印度成为该基金会的执行董事会成员。印度妇女儿童发展部是联合国儿童基金会在印度的主要执行机构。联合国儿童基金会通过多种方式来帮助印度政府扩大儿童综合发展服务项目并提升质量,比如,改善儿童综合发展服务中心工作人员培训,开发与儿童母亲联系的交流方式,帮助其改善监督和报告系统,提供基本供给,发展以社区为基础的早期儿童保育干预等。联合国儿童基金会在其 2008—2012 年印度儿童发展和营养计划中,强调母亲及其孩子的营养状况,重点通过支持实地工作人员的培训、组织全国范围的宣传活动和提供技术支持来加强该计划的功能和实施水平,并希望此举能降低儿童的营养不良率以及大幅度降低其微量元素缺乏率。②

(2)世界银行。世界银行自 1980 年起已经开展了 3 期投资计划并完成了 6 个对该计划的支持项目,共计投资超过 7 亿美元,致力于改善印度儿童的营养不良情况和早期儿童发展。1990—2006 年,对儿童综合发展服务项目的援助超过 6.5 亿美元。③ 其支持项目包括对儿童综合发展服务项目工作者的培训和指导、加强健康和营养服务、提升监督和评价的水准以及增强社区参与等。

(3)世界粮食计划署。世界粮食计划署也向儿童综合发展服务项目提供营养补给,获益人数达8.65万。④ 此外,该组织还与联合国教科文组织联手共同致

---

① CARE 是一个致力于对抗全球贫困的人道主义组织。创建于 1945 年,创建之初 CARE 代表"美国汇款到欧洲合作社(Cooperative for American Remittances to Europe)"。今天,随着该计划扩展到世界 60 个国家,这一名字就改为"为协助和抚慰全世界而合作(Cooperative for Assistance and Relief Everywhere, Inc.)"。

② UNICEF in India. [EB/OL]. http://www.unicef.org/india/nutrition.html. 2008 - 11 - 21.

③ Central project management unit (2007). ICDS-IV project (IDA assisted) (2008 - 9 to 2012 - 13) a handbook. [R/OL] http://wcd.nic.in/ 2009 - 1 - 12.

④ Ministry of Women and Child Development. [EB/OL] http://wcd.nic.in/ 2008 - 7 - 16.

力于提升该项目的督导水平和项目官员的管理和指导技能,提高在职培训的机构数量和培训能力,开发在职培训的新模式。提升早期儿童保育和发展水平是世界粮食计划署帮助儿童综合发展服务项目的关键。

(4)国际关怀协会。国际关怀协会也是儿童综合发展服务项目的主要支持者,与世界粮食计划署一起为该项目提供60%的食品支持。1984年,在美国国际开发署(United States Agency for International Development,简称USAID)的食品援助下,国际关怀协会开始通过营养补充项目来支持儿童综合发展服务项目,每年向141 101个儿童综合发展服务中心提供价值6 300万美元的食品作为日常基础。到了20世纪80年代末,国际关怀协会在美国国际开发署的许可下增加了援助基金,向该项目提供了760万美元的资金。后来,该协会逐渐开始全面支持儿童综合发展服务目标的实现,例如,在古吉拉特邦(Gujarat)、奥里萨邦(Orissa),通过在实施基本健康服务的过程中帮助培训儿童综合发展服务中心工作人员、健康工作人员等提升特殊营养项目的质量。[①]

(二)经费分配:注重教育,经费使用遵循精确的规范

儿童综合发展服务项目对经费的使用设计了精确的规范,项目每项服务开销都有定额的经费数额,这种做法保证了服务的统一性和基础质量,但也在一定程度上限制了服务水平的提升。具体经费使用规范包括:在每个儿童综合发展服务中心,医药箱每年花费600卢比,学前教育用品每年1 000卢比,每年可灵活使用的杂项经费是600卢比;每个项目每年杂项经费是4万卢比,地区水平是10万卢比,拥有50个以下项目的邦每年杂项经费是12万卢比,拥有50~200个项目的邦每年有16万卢比的杂项费用,超过200个项目的邦每年可获得20万卢比杂项费用。每个儿童发展中心每年有监督和评价费用500卢比,主要用于打印各种记录和登记、维修和替换计重秤及其他电脑化设备开销。政府还对儿童综合发展服务项目运行过程中产生的租金及运输等花费做出具体规定。此外,在每个儿童综合发展服务中心建立之初,政府会一次性提供设备和家具费用,这笔费用也有详细规范,每个儿童中心5 000卢比,每个项目15万卢比,每个地区15万卢比,拥有50

① CARE. (2000). Celebrating a 50 year partnership CARE India 1950—2000. [EB/OL]. www.careindia.org. 2008-11-20.

个项目以下的邦10万卢比，超过50个项目的邦则有20万卢比。①

综合来看，三个项目的经费都主要由中央政府承担，并呈现出数额不断增长的趋势，经费的分配和使用也都有明文规定加以参照和遵守。具体来说，提前开端项目由联邦政府拨款，其经费的分配和具体花费都根据法律规定加以细化；确保开端项目由中央单列拨款，其经费的分配重点都有明确规范可依；儿童综合发展服务项目以中央财政预算为主要经费来源，并得到国际组织的资金支持，其经费的具体使用遵循精确规范。

第五节　美、英、印学前教育推进项目的师资发展

提前开端项目、确保开端项目和儿童综合发展服务项目均十分重视教职员工的发展，注意明确和提高教职员工的身份与地位，保障其工资待遇等各项权利，规范并提高其资质条件，大力保障并促进其培训与专业发展。但由于三国国情和实际状况不同，三个项目的师资发展又体现出一定不同，例如提前开端项目教师资历水平和专业化程度不断提高，确保开端项目教师认证资格严格且培养方式多样，儿童综合发展服务项目教师身份有待提高，确保培训方式灵活多样等。本节将从教职员工的数量和种类、工资待遇、资格标准和培养制度等既相对独立又相互联系的几个方面出发，对三个项目的师资发展情况进行比较分析。

一、提前开端项目：多样化的员工类型、资格标准与培训方案

（一）数量和种类：多种类型的教职员工各尽其能

从整体上看，提前开端项目拥有一支庞大的教职员工队伍，分为以下类型：教师、助理教师、家访员、家庭幼儿保育员、儿童发展督学、基于家庭的督学。从

① Government of India. Ministry of Women and Child Development. Approval of Government of India for Third Phase Expansion of the Integrated Child Development Services (ICDS) Scheme—Introduction of new interventions and revision of cost norms of existing interventions-Regarding[EB/OL]. http://wcd.nic.in/univ_icds/univ_icds1.pdf 2010-4-22.

不同类型教职员工所占的数量比例来看，按照教师、助理教师、儿童发展督学、家访员、家庭幼儿保育员和基于家庭的督学的顺序依次递减，其中拥有不同证书和学历的教职员工也在数量上存在差异。如表2－10所示。

表2－10 提前开端项目教职员工一览表①

类型	教师（Teacher）	助理教师（Assistant teacher）	家访员（Home visitors）	家庭幼儿保育员（Family childcare provider）	儿童发展督学（Child development supervisor）	基于家庭的督学（Home-based supervisor）
总人数	55 839	53 127	5 235	1 901	7 708	873
具有ECE或相关的专科学位的人数	18 355（33%）	5 464（10%）	1 127（21.5%）	219（11.6%）	1 826（23.7%）	153（17.5%）
在读本科学位的人数	3 698（7%）	842（1.6%）	140（2.7%）	23（1.2%）	385（5%）	22（2.5%）
具有ECE或者相关的学士学位的人数	17 538（31%）	1 966（4%）	1 626（31%）	83（4.3%）	2 785（36.1%）	362（41.6%）
具有ECE或相关研究生学位的人数	2 641（5%）	172（0.3%）	153（2.9%）	29（1.5%）	1 282（16.6%）	161（18.4%）
具有CDA证书或各州同等证书的人数	12 288（22%）	14 135（26.6%）	1 018（19.4%）	640（33.7%）	859（11.4%）	6（0.7%）

① Biennial Report to Congress. (2006). The Status of Children in Head Start Programs. 2005. p. 186 [EB/OL]. http://eclkc. ohs. acf. hhs. gov/hslc/Head% 20Start% 20Program/Head% 20Start% 20Program% 20Factsheets/fHeadStartProgr. htm. 2011－2－23.

（二）薪资待遇：在法律保障下稳步提高

提前开端项目逐渐增加教职员工的补偿收入和边缘收益：平均薪金从1992年的14 600美元上涨到2000年的20 700美元。[①] 到2005年，提前开端项目教职员工的平均工资为24 608美元。尽管教职员工的学历不断上升，但其工资基本没有变化。[②] 2005年，有CDA证书或者各州颁布的证书的教师的平均工资为21 000美元，有专科学历教师的工资为23 000美元，有本科学历的教师工资为27 400美元。儿童保育员的年收入为18 120美元，学前班教师的收入约为24 784美元。[③]

表2－11 2005年提前开端项目教职员工年度工资一览表[④]

职位	平均工资（美元）
提前开端项目主管	58 932
儿童发展/教育服务协调者	41 332
主班教师	24 608
教师助理	16 028

（三）资格标准：多套资格证书体系并存

提前开端项目教师的资格证书主要是儿童发展助理证书（the Child Development Associate，简称CDA），教职员工的学历和职称正在不断提升。

1. 儿童发展助理证书明确了教师应具备的核心知识与核心技能

提前开端项目为了提高综合服务的标准，从1971年起设立了自己的专业学位和证书——儿童发展助理证书，由早期儿童专业认证委员会（the Council

---

① OECD Country Note. Early Childhood Education and Care Policy in the United States of America 2000, p. 33.

② McCormick Tribune Center for Early Childhood Leadership, National-Louis University, Head Start Programs and Teaching Staff in 2005, p. 2.

③ 提前开端项目官网（2008）.［EB/OL］. http://www. aft. org/earlychildhood/downloads/Rankings. pdf, 2008－7－18.

④ Biennial Report to Congress.（2006）. The Status of Children in Head Start Programs. 2005. p. 8［EB/OL］. http://eclkc. ohs. acf. hhs. gov/hslc/Head% 20Start% 20Program/Head% 20Start% 20Program% 20Factsheets/fHeadStartProgr. htm. 2011－2－23.

for Early Childhood Professional Recognition)来管理。CDA 学位和证书在美国受到了广泛的认同,而且已被写入提前开端项目的认证要求中。一般由社区学院提供 CDA 候选人的培训课程。①

CDA 的申请者要符合以下四个条件:18 周岁以上;获得高中或同等学力;有 480 小时的学前教育工作经验;5 年内完成 120 小时的学前教育课程,包括 8 个 CDA 培训项目,每个项目不能少于 10 小时,特别强调与婴儿、蹒跚学步儿或学前儿童相关的内容:保健与安全、身体与智力发展、社会性与情绪情感的发展、与家庭的关系、课程的设置与安排、专业化发展。此外,还要达到 CDA 所要求的 6 大能力领域的标准:建立并且保持一个安全健康的学习环境;发展幼儿身体和智力水平;支持幼儿社会性和情绪情感的发展并给予引导;与家庭建立积极有效的联系;确保项目的良性运行并能实现预期目标;促进专业化的持续发展。

CDA 资格证书在各州的分量是不同的,比如,在夏威夷州,CDA 是教师成为助教的标准之一;而在其他 18 个州,CDA 则成为机构管理者的标准;在科罗拉多州,CDA 则是成为主班教师的标准。

2. 提前开端项目法案的新规定提高了教师资格的标准

2007 年新修订的提前开端项目法案规定,提前开端项目教师应该达到专业要求和学历要求。

提前开端项目教师的专业要求由秘书处制定并实施,秘书处要确保每一个提前开端项目中心的教师中都有一位拥有以下能力:计划和实施学习的经验,帮助儿童的智力及身体发展,包括通过发展儿童的读写、听音等能力、对语言的理解和应用、对复杂词汇的理解和运用、对书本的欣赏、对数学和科学的理解、问题解决能力和学习方法来提高儿童的入学准备;创设并保持一个安全、健康的学习型环境;支持儿童的社会性和情绪情感的发展;鼓励幼儿所在家庭参与提前开端项目,并促进儿童与家长的关系发展。

对提前开端项目教师的学历要求也有所提高,秘书处要求在 2013 年 9 月

① OECD Country Note. (2000). Early Childhood Education and Care Policy in the United States of America, p. 29.

30日之前，全国至少50%的提前开端项目教师拥有学前教育学士学位或高级学位（或者拥有过与学前教育相关的学士学位和高级学位，且有教授学前阶段幼儿的教学经验）。教学助理至少要获得CDA证书，攻读专科学位或者学士学位（或者入读等同于两年学习的儿童发展助理证书课程）。[①]

3. 教职员工的学历和职称不断提升

90%的提前开端项目教师拥有儿童发展助理证书（Child Development Associate，简称CDA）、幼儿教育的教师资格证书或学士学位。[②] 69%的提前开端项目教师有至少两年的学院学位，32.8%的教师拥有专科学位，31.5%的教师拥有学士学位，4.7%的教师有研究生学位，22%的教师获得了CDA证书。此外，在只获得CDA证书的教师人群中，有将近50%的人在攻读专科学位；142位获得专科学位的教师里，有20%的人在攻读学士学位。[③]

（四）培养制度：提供并完善以标准为导向的多套培训方案

提前开端项目有一个传统，就是向各地提供教职员工培训和技术支援，利用不同途径促进其专业成长和发展。除了CDA这一重要培训途径，工作坊、会议、专题研讨等各种形式的培养方式都是经过精心组织、筹划的，定期为家长和教职员工开办。提前开端项目也有部分奖学金，用以激励教职员工接受更高层次的正规教育。

近年来，为加强提前开端项目儿童的入学准备，提前开端项目加大了投资力度，以确保每间提前开端项目教室中都至少有一名合格教师。2002年《良好的开端，聪明地成长》动议提出一项针对提前开端项目教师的全国性培训计划：培训并帮助5万名提前开端项目教师获得早期阅读、词汇以及语言技能发展方面的教学策略，并召开了一次培训会议，讨论如何成功引导教学理论和实践。各地提前开端项目教室在读写识字专家的指导下学习早期读写识字的新教学

---

① One Hundred Tenth Congress of the United States of America. An Act to reauthorize the Head Start Act, to improve program quality, to expand access, and for other purposes, H. R. 1429 – 68.

② OECD Country Note. Early Childhood Education and Care Policy in the United States of America 2000, p. 30

③ McCormick Tribune Center for Early Childhood Leadership, National – Louis University, Head Start Programs and Teaching Staff in 2005, p. 1.

策略。提前开端项目还在2002年建立了一个提供读写识字工作交流的网络平台。此外,支持教师教学工作的多种资源还有软件管理系统(listserv)、网上论坛、网站以及常见问题解答(Frequently Asked Questions)。由资深导师引领教师发展的做法也运用到了促进儿童社会情感的发展中。2003年,在以"通过资深教师引领教师发展来提高社会情感能力"为主题的会议上,讨论重点集中于如何有效提高儿童的社会情感发展及如何有效组织儿童的挑战性行为。

总之,提前开端项目教职员工的职前培养、入职培训及在职培训是结合在一起进行的。提前开端项目一直秉承的理念之一就是:要想提高幼儿教育的质量和水平,首先要提高教师的质量和水平,并因此设立了提前开端项目补充培训项目(Head Start Supplementary Training,简称HSST)和儿童发展助理项目(Child Development Associate,简称CDA)。前者使提前开端项目的教职员工接受本科培训成为拥有学位的、有资格的教师;而后者则培养专业助理人员,尤其是从事早期教育的资格人员。这两个教师培训项目相辅相成,为提前开端项目中的教师专业化发展打下了良好的基础。

二、确保开端项目:资格认证严格且支持高水平队伍建设

确保开端项目没有一套专门针对项目的教师体系,项目教职员工与英国所有从事学前教育的工作者一样被称为儿童早期教育和保育工作者[①](以下简称儿童早期工作者)。工作于确保开端儿童中心的各类儿童早期工作者在数量和种类、薪资待遇、资格制度和培养制度等方面具有以下特点。

(一)数量和种类:各种员工人数显著增加

从数量来看,随着英国政府从2003年起对确保开端儿童中心投入的大力支持,在2006—2007年度,全天服务于儿童中心的儿童早期工作者数量显著增长,增幅达33%。

---

① DCSF. (2008). Building Brighter Futures: Next Steps for the Children's Workforce[EB/OL]. http://www.dcsf.gov.uk/childrensplan/downloads/7482 - DCSF - WorkforceMatters.pdf. 2008 - 8 - 18. p.9 ~ 10.

表2－12　确保开端儿童项目教职员工人数

支薪和不支薪的员工数量				员工人数变化率%		
2007		2006		2006—2007	2005—2007	2003—2007
14 000		10 500		+33%	没有可用数据	没有可用数据
支薪员工的数量				员工人数变化率%		
2007	2006	2005	2003	2006—2007	2005—2007	2003—2007
13 300	9 400	没有可用数据	没有可用数据	+42%	没有可用数据	没有可用数据
不支薪员工的数量				员工人数变化率%		
2007	2006	2005	2003	2006—2007	2005—2007	2003—2007
1 400	1 100	没有可用数据	没有可用数据	+27%	没有可用数据	没有可用数据

来源于 DCSF. (2008). Childcare and Early Years Providers Survey 2007. http://www.dcsf.gov.uk/research/data/uploadfiles/DCSF－RR047.pdf. p.68.

从种类来看，确保开端儿童中心的儿童早期工作者主要分为：第一，高级管理者（Senior managers），全面负责中心运营；第二，保育指导员（Supervisory staff），享有独自照顾一群儿童的资格，不需其他员工的监督和指导；第三，其他支薪儿童保育员（Other paid childcare staff），一般没有独自照顾一群儿童的资格，需要接受其他员工的指导或监督。从整体上看，保育指导员所占比例较大，其次为其他支薪儿童保育员工、高级管理者。此外，还有一定比例的不支薪员工，一般由学生和志愿者组成。

表2－13　确保开端儿童项目各类教职员工比例

年份	2007	2006
高级管理者	7%	7%
保育指导员	61%	58%
其他支薪儿童保育员工	25%	23%
实习学生	7%	8%
志愿者	3%	3%

来源于 DCSF. (2008). *Childcare and Early Years Providers Survey* 2007.
http://www.dcsf.gov.uk/research/data/uploadfiles/DCSF－RR047.pdf. p.75.

(二)薪资待遇:无统一标准,但高于其他机构

英国儿童早期工作者的工资水平没有统一标准,而是与地方经济发展、消费水平等因素密切相关,具有一定的地区性,确保开端项目员工的工资水平同样如此。例如,伦敦地区项目员工的收入一般高于其他地区,而具体到某一地区内,员工工资又与其服务中心的类型及每日工作时间有关。此外,员工工资还与其自身能力紧密相连,员工持有资格证书的级别越高、工作经验越丰富,工资待遇就越高。

据《2007 年儿童保育和早期教育供应者调查》,在英国所有儿童早期工作者中,全日型确保开端儿童中心员工的平均工资为每小时 9.30 英镑,高于其他机构的员工[①],且近年来呈递增趋势。

表 2-14 英国各类学前教育机构中儿童工作者的平均时薪

	全天保育			确保开端儿童中心		时段性保育			课后俱乐部			假期俱乐部		
	2007 年	2006 至 2007 年变化率	2003 至 2007 年变化率	2007 年	2006 至 2007 年变化率	2007 年	2006 至 2007 年变化率	2003 至 2007 年变化率	2007 年	2006 至 2007 年变化率	2003 至 2007 年变化率	2007 年	2006 至 2007 年变化率	2003 至 2007 年变化率
所有员工	£ 6.90	+1%	+20%	£ 9.30	+/-0%	£ 7.00	+6%	+30%	£ 7.60	+5%	+29%	£ 7.60	+3%	+23%
高级管理人员	£ 9.80	+5%	+15%	£ 14.30	+2%	£ 8.70	+9%	+34%	£ 10.00	+4%	+30%	£ 11.10	+5%	+28%
保育指导员	£ 7.10	+1%	+31%	£ 9.50	-3%	£ 7.10	+4%	+27%	£ 7.70	+5%	+31%	£ 8.10	+4%	+23%
其他支薪员工	£ 5.90	+5%	+18%	£ 7.10	+1%	£ 6.10	+5%	+27%	£ 6.60	+8%	+25%	£ 6.30	+2%	+17%

来源于 *Childcare and Early Years Providers Survey* 2007.
http://www.dcsf.gov.uk/research/data/uploadfiles/DCSF-RR047.pdf, p.86.

① DCSF.(2008). Childcare and Early Years Providers Survey 2007.[EB/OL]. http://www.dcsf.gov.uk/research/data/uploadfiles/DCSF-RR047.pdf. p.85.

(三)资格制度:建立从业资格的国家标准

确保开端项目教职员工的资格标准也遵循英国儿童工作者的相关制度。儿童工作者的资格证书体系比较复杂,约有77类证书①,多样化的证书为儿童工作者提供了多样的选择。

1. 资格证书类型

与确保开端项目教职员工相关的资格证书主要有三种:全国职业资格证书(NVQ)、基础学位(Foundation Degree)和儿童早期研究学位(Early Childhood Studies Degree)。

(1)全国职业资格证书:基于对实践能力的考察颁发。产生于1992年的NVQ以全国职业标准(National Occupational Standards)为基础,旨在确保所有儿童工作者都能具备同等知识和实践能力。与其他证书相比,NVQ的获得主要基于申请者现有能力及其在工作中的实际表现,而非通过参与一系列课程及最终考试的方式。NVQ考察的实践技能基于申请者对知识的掌握和实际理解,同时对申请者进行单独指导与评价,通过其实践表现、参与的培训课程以及评审结论决定是否授予申请者资格证书。由于较为重视申请者的实践工作能力,NVQ特别适合那些没有正规证书却有丰富的实践经验的申请者。但在具体实施中,由于经费限制等原因,许多提供培训者和评价中心妄图走捷径,致使证书审核太快,无法确保较高质量。

从证书等级来看,NVQ目前分为水平2和水平3两个等级,水平4等更高等级的证书也正在酝酿出台。

(2)基础学位:可通过非全日制学习而获得的高等教育合格证书。2001年出现的基础学位是中等水平的高等教育合格证书,主要为儿童早期服务领域的实践者而设,可以通过非全日制学习获得,其灵活的学习方式对那些已经参加工作、尚未参加工作及准备变换职业的人士有很大吸引力。同时,它又同传统高等教育有更为直接的联系,为非传统学生(non - traditional student)提供了一

---

① Owen. S. (2006). Training and workforce issues in the early years. In Pugh, G., Duffy, B. Contemporary issues in the early years (4th Edition). London: Paul Chapman Publishing. p. 183 ~ 193.

条接受高等教育的途径，学生完成该学位后可申请相关的荣誉学士学位（honors degree），因此，受到相关人士的欢迎。

（3）儿童早期研究学位：遵循3年学习课程的模式。儿童早期研究学位的最初形成源于人们就儿童早期保育和教育工作达成的共识，即与幼儿相关的工作是复杂和极其重要的，需要工作人员具备较高水平的知识和技能。该学位遵循3年学习课程的模式，所有学习都是跨学科的，试图创设一个整合保育和教育的知识体系，且其中许多课程都提供实习期，并允许参加工作的学生（work-place - based student）进行非全日制学习。① 该学位为刚毕业的学生和经验丰富的从业人员提供了新的学习机会，受到人们欢迎且发展迅速，从1997年的全英只有15个类似学位发展到今天的约40个学位。②

尽管如此，人们对该学位也有所批评，认为它培养了没有实践经验和工作能力的毕业生，而且在求职过程中，一些具备该学位的工作申请者也输给了那些具有NVQ水平2或水平3证书的申请者。针对这一问题，一些儿童早期研究学位的支持团体开始采取相应举措提高毕业生的实践技能。例如，开发在全国范围内认可的"实践机会"（practice option）并融入课程学习，引导缺乏实践经验的学生参与。③

综上所述，这些证书类型各有其优势所在，在彼此竞争的同时又相互补充和促进。

2. 证书等级

上述不同证书或学位课程经资格鉴定及课程管理局（Qualifications and Curriculum Authority）认证后形成了不同证书级别，以方便政府管理以及托幼机构的人员聘用④。确保开端中心教职员工的聘用也参照下列等级：1级（基础级

① Owen. S. (2006). Training and workforce issues in the early years. In Pugh, G., Duffy, B. Contemporary issues in the early years (4th Edition). London: Paul Chapman Publishing. p. 186.

② Owen. S. (2006). Training and workforce issues in the early years. In Pugh, G., Duffy, B. Contemporary issues in the early years (4th Edition). London: Paul Chapman Publishing. p. 186.

③ Owen. S. (2006). Training and workforce issues in the early years. In Pugh, G., Duffy, B. Contemporary issues in the early years (4th Edition). London: Paul Chapman Publishing. p. 186.

④ DCSF. (2008). Childcare and Early Years Providers Survey 2007. p. 95.

别)，普通中等教育证书(General Certificate of Secondary Education，简称 GCSE)的D～G等级，全国通用职业资格(General National Vocational Qualification，简称 GNVQ)基础级别，全国职业资格证书(National Vocational Qualification，简称 NVQ)1 级;2 级(中级)，普通中等教育证书 A * ～C 等级，全国通用职业资格中等级别，全国职业资格证书 2 级;3 级(高级)，普通教育高级证书(A-level)，职业证书高级水平(高级普通教育职业证书)，全国职业资格证书 3 级;4 级，更高级资格证书(Higher level qualifications)，商业与技术教育委员会(BTEC)高等国家资格学历证书，国家职业资格证书 4 级(如 4 级水平的早期教育实践证书，Level 4 Certificate in Early Years Practice);5 级，更高级资格证书(Higher level qualifications)，商业与技术教育委员会(BTEC)高等国家资格学历证书，国家职业资格证书 5 级(如高等教育和游戏工作的学位证书，Diploma in Higher Education and Playwork);6 级，荣誉学士学位(Honours degree)(如幼儿教育学学士学位);7 级，硕士学位，教育学研究生文凭(PGCE)，整合中心领导者全国专业资格证书(National Professional Qualification for Integrated Centre Leadership，NPQICL);8 级，博士学位。

2003 年，教育和技能部出台了《8 岁以下日托和家庭保姆国家标准》(National Standards for Under Eights Day Care and Childminding)，明确规定了各类员工应具备的证书的最低级别，并要求尚未达到标准的员工"制订行动计划来安排如何达到资格要求"①。从 2008 年 9 月开始，《早期基础阶段法定框架》明确指出了儿童工作者应具备资格证书的最低等级——3 级资格证书。儿童工作者发展委员会(The Children's Workforce Development Council，CWDC)网站上的儿童早期保教及游戏工作资格证书数据库(Early Years & Playwork Qualifications Database)明确指出了各类证书等级所涵盖的具体证书类型或相应学位。该数据库既是标准局儿童保育督导员判断儿童早期保教服务供应者是否满足相关员工证书全国标准的依据，也是雇主和从业人员了解哪些资格证书适合特定人员的依据。从 2009 年 9 月起，儿童早期保教和游戏工作资格证书数据库被资

① 确保开端项目官网(2008). [EB/OL]http://www.ofsted.gov.uk/assets/2427.pdf. 2009－10－9.

格证书认定表(The Qualifications List)代替,地方当局、雇主、从业人员和标准局的督导者开始使用这一新资格认定表。就确保开端项目而言,2006年早期教育和儿童保育提供者调查(The 2006 Survey of Early Years and Childcare Providers)显示,80%的确保开端儿童中心员工至少持有3级资格证书。

(四)培养制度:专项拨款支持高水平员工建设

英国非常重视高质量教师的培养,确保开端项目教职员工也与英国其他儿童工作者一样,受到下述政策保障:教育标准局在《8岁以下日托和家庭保姆国家标准》中为儿童工作者的经验和资格制定了全国标准。儿童、学校和家庭部启动于2007年3月的《早期基础阶段方案》(Early Years Foundation Stage Framework)于2008年9月生效,为所有儿童工作者制定了明确的标准——在基于游戏的学习理念的基础上支持儿童的各方面发展。2007年4月,该部门还发布了《字母和发声指南》以帮助儿童工作者提高听说技能,并于2007年9月启动培训。[①] 儿童工作者发展委员会在2007年12月发布了部门技术协定(Sector Skills Agreement,简称SSA),规定了儿童工作者所需的技能和如何发展这些技能。[②] 地方当局在2006—2008年获得了2.5亿英镑专项资金,用于支持教师的培训和发展及更高水平教师的聘用,尤其是投资于私人、志愿以及独立部门这些师资水平偏低的部门的师资队伍建设[③]。

此外,最新有关高水平儿童早期工作者对幼儿带来的积极影响的研究也促使政府日益关注儿童工作者的培训及专业发展,将其作为实现《儿童计划》提出的建立世界一流儿童早期保育和教育体系这一目标的重要推动力量。政府具体作为如下。

1. 地方当局发挥重要职责

作为确保开端项目的基层部门,地方当局对教职员工的专业培训和发展承

---

① Departmental Report 2008. [EB/OL]. www. dcsf. gov. uk 2008 - 08 - 10.

② Departmental Report 2008. [EB/OL]. www. dcsf. gov. uk 2008 - 08 - 10.

③ Choice for parents, the best start for children: making it happen. An action plan for the ten year strategy: Sure Start Children's Centres, extended schools and childcare. [EB/OL]. www. everychildmatters. gov. uk 2008 - 8 - 10.

担着重大责任，负责制定地方工作人员战略，发展满足儿童需要的教师。地方当局需要在以下几个方面提供保证：为新职工和现有职工提供培训和发展机会，以使他们满足国家相关资格标准，通过"三岁以前很重要"（Birth to Three Matters）以及基础阶段课程指导（Curriculum Guidance for the Foundation Stage）的培训和发展以改善儿童发展结果；为领导人和管理者提供培训和发展以支持并进一步推进可持续的、综合的、全纳的、多学科领域的早期服务；保证早期教育和儿童保育的提供者能够在当地招收员工并保持足够的、适宜的、高质量的员工支持服务的扩大和改善；与地方学习和技术委员会（local Learning and Skills Councils）合作以提升培训能力；改革培训措施时，要考虑并遵循政府有关儿童工作者的发展战略与意见等。①

2. 课程发展与员工培训同步进行

儿童工作者的培训与儿童早期课程发展密切相关。出台于2000年的《基础阶段课程指导》②是3～5岁儿童学前教育的课程指导方针。为了确保其有效落实，《基础阶段课程指导》成为其后几年儿童工作者培训的重要内容。2007年，《儿童早期基础阶段法定框架》取代了《基础阶段课程指导》，建立起一个统一的以游戏为基础的儿童早期学习和发展框架，成为新的课程指导框架。从2007年3月起，英国政府已逐步开始通过大量员工培训来支持该框架的实施。此外，政府还开展了一系列其他可持续专业发展项目，例如"语言交流和读写发展""每个儿童都是演说家"（Every Child a Talker）等，用以支持儿童工作者的专

---

① Frequently Asked Questions about the use of Main Revenue Sure Start General Grant 2006 - 2008 [EB/OL]. http://www.surestart.gov.uk/ 2008 - 08 - 10.

② 是由早期教育专家研讨制定出的基础阶段课程方针，它为3～5岁儿童的早期教育提供了清晰明确的"教"和"学"的原则。基础阶段是全国课程中的第一部分，涵盖了六大学习领域，每一学习领域又包含了一系列的学习目标，明确了在基础阶段结束时，大多数儿童所期望达到的发展结果。六大学习领域分别是：个性、社会性和情感发展，交流、语言和读写，数学发展、知识和对世界的理解，身体发展，创造力发展。在2008年9月之前，教育标准局除了依据《8岁以下日托和家庭保姆国家标准》对托幼机构进行督导外，还要依据《基础阶段课程指导》对那些获得政府经费支持、提供3～4岁儿童免费早期教育的机构进行督导。

业发展。① 全国教学战略组织(The National Strategy)在其中发挥了积极作用,出版了多个教学范例指导材料,积极帮助儿童工作者提升保教质量。

3. 建立儿童早期保教专业资格以全面提升领导者素质

提高儿童工作者的资格证书等级也是员工培训的一个重要方面。政府相关的指导文件已经明确表示,希望保育机构中所有的保育指导员(supervisors)具备等级3级或以上的资格证书,且在全面提高儿童工作者整体实力的基础上,提高托幼机构领导者的学历和技能也成为员工培训的核心关注点之一。

依据政府新的指导文件,儿童早期保教专业人员(Early Years Professional)将会在托幼机构实施高质量早期教育和保育服务中发挥领导者作用。政府的目标是在2010年,每个儿童中心都配备一名儿童早期保教专业人员,并在2015年将这一目标扩展到每一个全天保育机构,并确保贫困地区的保育机构配备两名儿童早期保教专业人员。儿童早期保教专业人员需具备本科学历(graduate level)的儿童早期保教专业资格(Early Years Professional Status,简称EYPS)。具体来说,EYPS不是一种证书,而是一种认可申请者具备作为从业者和专业领导者技能的资格。为获得EYPS,所有申请者必须掌握一套包含39项内容的全国专业标准。② 这一资格认定主要由儿童工作者发展委员会推行和实施。当前,儿童早期保教专业资格获得者约2 500名,另有2 400名申请者正在接受培训。③

就确保开端项目来说,项目工作人员和领导者来自各种专业背景,多功能的团队对于所有领导者来说都是巨大挑战。领导人必须为所有跨越专业界限的教职员工建立共同目标,并关注家庭和儿童的需要。儿童、学校和家庭通过全国学校领导学院(National College for School Leadership)鼓励和资助中心领导

---

① DCSF. (2008). 2020 Children and Young People's Workforce Strategy. [EB/OL]. http://publications.dcsf.gov.uk/eOrderingDownload/7977 - DCSF - 2020%20Children%20and%20Young%20People's%20Workforce%20Strategy - FINAL.pdf. p.46 ~47.

② Owen. S. (2006). Training and workforce issues in the early years. In Pugh, G., Duffy, B. Contemporary issues in the early years (4th Edition). London: Paul Chapman Publishing. p.183 - 193.

③ DCSF. (2008). 2020 Children and Young People's Workforce Strategy. [EB/OL]. http://publications.dcsf.gov.uk/eOrderingDownload/7977 - DCSF - 2020%20Children%20and%20Young%20People's%20Workforce%20Strategy - FINAL.pdf. p.46 ~47.

者，目标是每个中心有至少一名有资格的全职教师，且该教师至少工作18个月以上。2008年3月，确保开端儿童中心的领导者参加了第一届全国大会。大会的目的在于鼓励和动员中心领导人，强调中心作为"每个孩子都重要"项目实施机构的重要作用，为实践者提供分享最佳实践的论坛。

4. 设立专项拨款以确保稳定投入

为了加强儿童工作者团队建设，英国政府设立了专项拨款，为儿童工作者的培训和专业发展提供经费支持。从2006年起，政府已经通过设立转换基金(Transformation Fund)[①]的方式，投入2.5亿英镑，加强儿童工作者团队建设。而当前取代转换基金的高学历领导者基金(Graduate Leader Fund，简称GLF)计划投入超过3.05亿英镑帮助提升儿童工作者的专业素养。[②] 具体来说，GLF主要通过提供经费支持来帮助由PVI(私立机构、志愿组织和独立学校)运营的托幼机构聘用本科毕业生(graduates)，以及培养经验丰富的员工达到本科水平，例如向儿童早期教育和保育供应者提供经费支持用于因聘用本科学历的儿童工作者而增加的工资开支。值得一提的是，为确保投入的可持续性，政府的该项拨款将一直持续到2015年，以实现所有全天保育机构都配备一名儿童早期保教专业人员的目标。

就针对确保开端项目的投入而言，《确保开端、儿童早期教育和保育拨款》中有关绩效、质量和融合项目的经费投入也将用于更广泛的员工培训和专业发展中。

三、儿童综合发展服务项目：身份待遇有待提高，但培训方式灵活多样

儿童综合发展服务项目面向的群体主要是生活在农村、部落民族地区和城市贫民窟地区的儿童和妇女，因而该项目的教职员工的整体水平并不高，政府

---

① 转换基金(Transformation Fund)旨在通过支持儿童早期工作者专业发展来提高私人、自愿和独立(private, voluntary and independent，简称PVI)部门的儿童早期教育和保育质量。该基金从2006年4月到2008年4月，共提供2.5亿英镑来帮助儿童保育提供者招收新的本科毕业的员工或是培训现有员工。

② 确保开端项目官网(2008). [EB/OL]. http://www.everychildmatters.gov.uk/aims/. 2009-2-12.

力求通过压低门槛让更多的妇女进入项目提供服务，并通过加强在职培训提高服务的整体水平。

（一）数量和种类：多级员工体系负责项目实施

儿童综合发展服务项目的师资团队包括五大类工作者：儿童综合发展服务中心助手、儿童综合发展服务中心工作人员、督导、儿童发展项目官员、地区项目官员（District Programme Officers，简称 DPOs）。此外，还有来自附近基础健康中心和健康子中心的医务人员、健康访问女士（lady health visitors，简称 LHVs）、辅助护士助产士和妇女健康工作人员与计划工作者共同合作提供健康服务。[①] 儿童综合发展服务中心工作人员是从地方社区中选出的一位女士，她不仅是儿童综合发展服务项目的一线志愿工作人员，还是动员社区支持幼儿、女童和妇女保护的代表，是实施儿童综合发展服务的核心人物。截至 2009 年 9 月，儿童综合发展服务中心的妇女工作人员及助手已有近 200 万人（1 992 098 人）。[②] 儿童综合发展服务中心工作人员要在志愿和政府机构设置的培训中心之一参加为期三个月的培训方能上岗。其职责包括：非正式的学前教育、补充喂养、健康和营养教育、通过家访进行家长教育、社区支持和参与，以及基础母亲和儿童健康介绍。督导、儿童发展项目官员及地区项目官员是儿童综合发展服务项目的管理者，他们确保项目服务能够正常、有效地实施。由一位督导（每 20 个儿童综合发展服务中心工作人员中产生一位督导）和一位直接负责每个儿童综合发展服务项目实施和管理的儿童发展项目官员（与其他 3 到 5 位督导合作）为儿童综合发展服务中心的工作人员提供支持。[③]

（二）身份待遇：基层员工身份待遇有待提升

儿童综合发展服务项目把实施儿童综合发展服务项目的最基层员工——儿童综合发展服务中心工作人员和助手视为来自地方社区的“荣誉职工”（hon-

---

① Ministry of Women and Child Development[EB/OL]. http://wcd.nic.in/ 2008 - 6 - 16.

② Ministry of Women and Child Development [EB/OL]. http://wcd.nic.in/icdsimg/WomenAW&AWH2009.htm 2010 - 3 - 20.

③ Evans, J. L., Meyers, R. G., & Ilfeld, E. (2000). Early childhood counts: A programming guide on early childhood care for development [R/OL]. Washington, DC: World Bank Publications, p. 127.

orary workers),因为他们是自告奋勇到儿童保育和发展领域来参与兼职服务的。政府每月会付给他们酬金(monthly honoraria)作为答谢,酬金数额从100卢比到上千卢比不等,主要取决于员工的资格、经验及工作年限。

项目工作人员得到的薪酬一部分来自中央政府,另一部分来自邦政府。首先,来自中央政府的这部分包括酬金、保险和奖金。在项目建立之初,儿童综合发展服务中心工作人员和助手的酬金分别是每月150卢比和35卢比。到2002年,工作人员和助手的酬金分别增长至1 000卢比和500卢比。从2008年4月起,员工的酬金又有大幅增加,儿童综合发展服务中心助手的酬金增至每月750卢比,有5年和10年经验的录取工作人员的月酬金分别达到1 531和1 563卢比。① 工作人员和有组织部门里的雇佣工人一样可以在产假期间获得酬金。印度政府自2004年4月1日起还为儿童综合发展服务中心工作人员和助手安排了必要的保险,并设置奖金鼓励工作人员的积极性。② 其次,除政府支付的酬金之外,许多邦政府还向儿童综合发展服务中心工作人员和助手提供奖金(monetary incentives)。此外,邦政府还将儿童综合发展服务中心工作人员提供服务作为其应聘小学教师、辅助护士助产士等其他工作的额外资格。在具有10年工作经验的儿童综合发展服务中心录取的工作人员中招收至少25%的人员作为督导,在邦/联邦属地一级建立儿童综合发展服务中心工作人员和助手福利基金(Anganwadi Workers and Helpers Welfare Fund),在邦/联邦属地以及地区水平建立申诉协调机制(Grievances Redressal Machinery)来解决员工的不满。

(三)培养制度:灵活的多级在职培训体系满足不同需求

培训员工并持续不断地进行员工能力建设是儿童综合发展服务项目成功的重要因素。该项目提供服务的水平在很大程度上取决于项目工作人员的技术水平,工作人员的培训大部分由国家出资提供,此外还有一些国际组织和国内非政府组织对工作人员进行培训。

---

① Government of India. Ministry of Women and Child Development. Integrated Child Development Services (ICDS) Scheme—Revision of rates of honoraria of Anganwadi Workers and Helpers. [EB/OL] http://wcd.nic.in/univ_icds/univ_icds2.pdf. 2010-4-22.

② Ministry of Women and Child Development[EB/OL]. http://wcd.nic.in/ 2008-6-16.

1. 国家培训行动计划

印度中央政府为儿童综合发展服务项目设置了专门的国家培训行动计划，所有的邦/联邦属地都要向中央提交“邦培训行动计划”(State Training Action Plans，简称 STRAPs)，大致描绘出儿童综合发展服务项目工作人员培训的当年计划。以 2007—2008 年度为例，除了果阿邦(Goa)、达曼—第乌(Daman & Diu)和庞第皆瑞(Pondicherry)，其他所有邦/联邦属地都提交了 2007—2008 年度行动计划，并经检查后通过。政府批准了 8.1 亿卢比用于“邦培训行动计划”，其中 6.5 亿卢比用于常规培训(职业和进修)，1.3 亿卢比用于新工作人员培训，0.3 亿卢比用于其他培训。①

2. 官方培训项目

作为向儿童综合发展服务项目提供员工培训的最高机构，全国公共合作和儿童发展协会主要负责计划、组织、协调以及监督员工培训，提高培训机构能力，为各个类别的项目工作者设计、修改教学进度并使之标准化，分配视听教具等培训材料，就项目工作者培训向妇女儿童发展部提供技术支持和反馈。儿童发展服务项目官员及助理儿童发展项目官员的培训由全国公共合作和儿童发展协会总部及四个区域中心(班加罗尔 Bangalore、印多尔 Indore、古瓦哈蒂 Guwahati 和勒克瑙 Lucknow)组织。

3. 本土非政府培训项目

除官方以培训高级员工为主的项目之外，非政府组织提供的各类员工培训也在蓬勃发展。截止到 2007 年 9 月 30 日，印度共有 31 个中级培训中心和 500 个儿童综合发展服务项目工作人员培训中心正在提供培训，其中 80% 由非政府组织运作。其培训结构如下：第一，儿童综合发展服务项目工作人员培训中心培训儿童综合发展服务中心工作人员和助手；第二，中级培训中心培训督导和儿童综合发展服务项目工作人员培训中心的教师培训者；第三，邦培训研究所(State Training Institutes，简称 STIs)培训中级培训中心的培训者和儿童发展项目官员；第四，全国公共合作和儿童发展协会及其地方中心培训儿童发展项目

① Ministry of Women and Child Development. Annual report 2007—2008 [EB/OL]. http://wcd.nic.in/ 2008-7-16.

官员及中级培训中心的培训者。此外，还有一些其他培训项目，如在拉贾斯坦邦（Rajasthan）和北方邦（Uttar Pradesh），儿童综合发展服务中心工作人员培训由地区移动培训小组（District level Mobile Training Teams，简称 MTTs）完成。为使新批准的儿童综合发展服务中心正常运行，有的邦会举办为期 6 个工作日、每批 20 人的短训班开展短期入门训练（induction training）。[①]

4. 世界银行培训项目

除了印度政府主持的培训项目外，世界银行在 1998—1999 年开始的五年计划中向儿童综合发展服务项目培训提供资金支持。一项名为“Udisha”（意为“初生朝阳”，new dawn）的培训项目重点关注在职培训的遗留问题并对所有的工作人员提供进修培训，修订了财政规范，对项目工作者进行整合，修订培训的课程纲要并引进其他创新培训。该项目于 1999 年正式启动，为期五年，后延长了一年半，于 2007 年 3 月 31 日结束，有三个组成部分：第一种，常规培训，职业和进修（Regular Training - Job & Refresher）；第二种，其他培训（提供创新的、针对区域的培训）；第三种，信息、教育和交流（Information, Education and Communication，简称 IEC）等。在全国的 600 个儿童综合发展服务培训中心、40 个中级培训中心和全国公共合作和儿童发展协会及其区域中心构成的全国培训网络中，共计 928 000 名儿童综合发展服务项目工作者参加了 Udisha 培训，其中 366 000名儿童综合发展服务中心工作人员和其他 759 000 人分别参加了在职培训和进修培训。[②] 该项目结束之后，项目工作者培训仍使用国内资源继续进行。

综合来看，三个项目的教职员工数量、学历水平和收入水平都呈上升趋势。从区别来看，提前开端项目有着完善的教师资格体系，其教师必须达到相应专业和学历要求方能进入项目中心任教；确保开端项目没有针对项目的教师体系，项目教师就是英国的儿童工作者，这就在一定程度上保证了确保开端教师的质量；儿童综合发展服务项目的教职员工的身份待遇水平较低，因此政府举

① Ministry of Women and Child Development [EB/OL]. www. wcd. nic. in 2008 - 7 - 16.

② Ministry of Women and Child Development, Government of India. Annual report 2007—2008[EB/OL]. http://wcd. nic. in/. 2009 - 6 - 16.

办了多种多样的在职培训。

第六节　项目的体制机制逐步完善并形成特点

提前开端项目、确保开端项目和儿童综合发展服务项目在由不成熟到日益完善的发展过程中形成了各自的特色和规模效益,但本书旨在寻找三个项目在基本定位、举办机构、管理体制、投入体制和师资发展五个方面的共同规律,以期为我国“推进农村学前教育项目”提供借鉴参考。综合本章前五节的分析,本书认为,三个项目在不同的发展环境中呈现出几个共同特点与经验,分别是:明确界定学前教育推进项目的独特功能并追求公平性和公益性,政府引领多种机构共同承担项目实施责任,政府主导项目并形成多级政府和部门的合作机制,建立以政府财政投入为主的投入保障体制,拥有身份明确、培训规范的较高质量的师资队伍等。

一、定位清晰——明确界定项目的独特功能并追求公平性和公益性

通过对三个项目的基本定位进行比较研究发现:三个项目都高度重视学前教育的独特功能与综合价值,此外,通过政策措施、法律法规和实际举措明确项目的公平性、公共性和公益性,是三个项目普遍体现的根本原则与价值诉求。

(一)对学前教育公平性的重视体现了国家与社会发展的需要

作为国家主导的大型学前教育推进项目,三个项目的基本定位都体现了各自国家对学前教育的政策倾向。美、英、印三国均以法律法规或国家政策的形式确认了学前教育的重要功能与价值,例如美国规定要“保障所有儿童都接受学前教育”,将所有美国儿童都能够接受高质量的、发展适宜性的学前教育,以促进其身心全面发展和综合能力的培养与提高,为一生学习和发展做好准备作为美国学前教育的重要功能定位与基本宗旨[①];英国强调“幼儿期是儿童发展过

① 美国国会:(1993). Goals 2000: Educate America Act[DB/OL]. http://loc.gov/bss/d103/d103laws.html, 2008-7-10.

程中非常重要的时期,儿童在该时期所获得教育质量的高低直接关系到其日后的发展及成就"①;印度明确宣称"儿童的发展是国家发展日程上的第一要务,这不是因为儿童是最脆弱的群体,而是因为他们是我们至高无上的财富,是我们国家未来的人力资源"②。三个项目的基本定位都集中体现了学前教育的公平性和公益性,深刻认识到了学前教育发展对于个体发展以及国家与社会进步的深远意义与重要价值,及教育起点的公平对促进教育公平乃至社会公正中的促进作用。尽可能满足和保障全体适龄儿童尤其是处境不利儿童接受学前教育是大型学前教育推进项目最重要、最根本的目标所在。

(二)依托免费原则,保障公平、公益

免费原则是三个项目公益性与公平性的重要体现。总的来说,三个国家的政府均为学龄前儿童提供了免费的教育、保育乃至综合服务,只是程度上略有差异,例如提前开端项目的免费对象为3~5岁儿童,确保开端项目针对3~4岁儿童,儿童综合发展服务项目针对0~6岁儿童,均在较大程度上保障了项目的公平性与公益性。

(三)强调综合价值,加快公共、公益

从三个项目对其基本定位的表述和落实情况来看,它们未来的发展会更强调学前教育对于儿童个体发展、家庭发展、社会和谐和国家进步的综合价值,会更强调学前教育在反对社会排斥、扶持弱势群体、追求教育公平和提升民族素质方面的综合价值,会更强调尊重学前儿童的身心发展规律,保障学前儿童包括营养、健康、认知、情感与社会性在内的全面、综合成长与发展,更加趋向于采用综合性、整合一体化的教育教学方式。相对以往较为单纯地面向幼儿和幼儿家庭的学前教育事业,三个大型学前教育推进项目引领学前教育事业正向全方位、综合性、系统化的社会公共或公益事业转变。

---

① HM Treasury, DfES, DWP, DTI (2004). Choice for Parents, the Best Start for Children. Ten Year Strategy for Childcare. [EB/OL]. http: www.dfee.gov.uk. 2008-3-30.

② Sub group report early childhood education in the eleventh five year plan (2007-2012). [EB/OL]. http://wcd.nic.in/. 2009-9-16.

二、主导有效——政府引领多种机构共同承担项目责任

强化政府职责特别是中央政府的主导性职责、由多种机构共同承担项目职责是决定项目积极走向与健康发展的关键。

(一)强化政府主导、优先扶助弱势群体是关键

实现项目的公益性和公平性是一个长期渐进的过程,和社会经济文化水平相联系。但是公平并非随着经济文化的发展就会自然而然地到来,需要努力和争取,需要国家政策的支持与政府职权的扶助。在学前教育领域,政府起着有效调节资源配置的作用,具有通过制定政策来实现资源转移,从而担负起保护弱势群体儿童的受教育权利的责任,理应成为体现公平性与公益性的学前教育推进项目的倡导者、组织者、管理者和投资人。纵观本书聚焦的三个项目,美、英、印三国均通过法律法规确认了中央政府负有发展大型学前教育推进项目的职责,即便是美国这样以地方分权为主要特征的国家,其联邦政府对项目的主导职责也在相关法律法规中明确体现。政府成为项目的公平性和公益性得以实现的重要保障,是有效规范与推动项目发展的重要途径。

(二)有所为、有所不为的机构办学方式是有效手段

政府主导大型学前教育推进项目并不等于全部由政府直接举办项目机构,而是通过有所为、有所不为的方式实现有效引导。有所为的范畴包括:以财政直接支持项目机构,对项目机构的服务对象和服务内容做出基本规定,以及对机构质量标准的制定与督导等。以儿童综合发展服务项目为例,儿童综合发展服务中心遍及全国各地,这些机构作为项目网络的节点必须按照项目的规范经过严格审批才能投入使用,每个中心为每个儿童每天提供的服务也都有精准的量化规定。有所不为则指的是,政府应该给予地方举办学前教育的自主权,应该允许和鼓励多种办学方式,例如提前开端项目和确保开端项目鼓励或授权非公立机构,以满足儿童及家庭的多样化需求。但同时要制定各类机构的实施标准并进行质量监管,例如提前开端项目就通过连续的评价体系和完善的监测机制确保机构服务的质量。

三、管理明确——政府主导项目并形成多级政府和部门的合作机制

在管理体制方面，三个项目体现出如下特点：明确中央、地方各级政府以及项目主管部门的职责，加强领导作用；促进各相关责任部门在项目工作中的通力合作。

（一）强化中央政府主导，积极发挥地方政府职责

从三个项目的中央与地方管理权限分配来看，尽管美、英、印三国均是联邦制国家，教育事务在传统上属联邦和各州（邦）政府的并行职责，甚至有些方面中央政府不得干预，然而近年来随着三国对学前教育，特别是其在消除贫困、促进社会公平等方面重要价值的高度重视，三国日益凸显其中央政府的学前教育职责，特别是逐步强化了中央政府在学前教育事业发展中的职责重点：即优先扶持弱势地区和弱势群体，促进学前教育公平与均衡发展。这直接体现在以扶助弱势群体为己任的三个项目中。与此同时，三个项目也确立了地方政府发展项目的自主权和灵活性，进而推动了政府主导的学前教育推进项目在全国范围内的均衡发展。以提前开端项目为例，美国对于学前教育的管理采取地方分权制，联邦政府和地方政府分工合作。具体来说，联邦政府的学前教育职责主要在于提出学前教育一般性政策与目标。近年来，联邦政府的影响力更是逐渐加强，逐步通过规划、实施各种全国性教育改革政策措施和教育质量标准，通过提供补助拨款等方式，更深入地介入学前教育事务中。各州也在联邦政府的政策引导下，根据地区特点，关注学前阶段教育与保育的数量与质量、需求与提供、投入与收益等。提前开端项目的实施与管理充分体现了联邦政府和州政府分工合作的特点。

（二）明确主管部门职责，注重各部门协调合作

从项目管理部门来看，在加强主管部门领导的基础上，明确规定各相关部门的职责，形成主管部门牵头、各相关部门协作的项目管理模式是三个项目的共同选择，这主要是基于以下认识：作为一项受制于儿童身心发展规律与特点的社会公共事业或准公共事业，学前教育涉及教育、卫生、福利、民政、财政和建

设等诸多部门,单一部门一己之力无法涵盖和管理学前教育发展的方方面面,大型学前教育推进项目的管理也不例外。无论是中央集权国家,还是地方分权国家,都会有相应级别的学前教育主管部门和协作部门。例如英国近年在《2006年儿童保育法》等多部法律法规中明确规定,教育部是学前教育的首要责任部门,要协调教育、卫生、健康和福利等相关部门,管理并促进学前教育事业的发展。这一精神也体现在了确保开端项目的管理体制中。确保开端项目由儿童、学校、家庭与工作和养老金部(Department for Work and Pensions)共同负责。

四、经费充足——建立以政府财政投入为主的投入保障体制

三个项目均由政府主导,地方各级政府和各部门之间协调合作开展,而政府在项目发展中最集中、最重要的职责之一是对项目的财政投入。财政投入是体现政府职责、贯彻国家意志的有力手段。通过对三个项目投入机制的比较分析发现,三国不断加大对学前教育项目的财政投入,制定和颁布相应的法律法规并逐步增加国家对项目的财政投入,财政投入是项目发展的主要经费来源和重要保障。

(一)项目专项拨款受法律与政策的规范与保障

美国在《提前开端法案》《入学准备法案》等与提前开端项目密切相关的法律中均制定了针对该项目的专款规定。英国在其历年的《拨款法》等涉及学前教育的法律中对确保开端项目的专门性财政补助做出了明确规定。印度在其《国家儿童行动计划》和国家"五年计划"等相关法律及政策中对儿童综合发展服务项目拨款及其额度、用途及监管、投向与重点等做出了规范与保障。总之,以立法或颁布政策文本等形式建立完整规范的财政投入制度,通过严格精确的程序对项目经费进行预算编制和专项拨款,以保证项目财政投入的长期稳定性,是三个项目在财政投入方面体现出的重要特点之一,其核心宗旨在于通过经费保障,优先扶助处境不利幼儿及其家庭。

(二)拨款数额持续增长,项目规模不断扩大

从拨款数额来看,三国政府对大型学前教育推进项目的投资显著增长。例

如提前开端项目的联邦政府拨款不论是在哪一任总统任职期间都没有停止过，而且一直呈上升状态。[①] 确保开端地方项目的拨款数额截至2006年已达到21亿英镑，且在2006—2008年高达18亿英镑。[②] 儿童综合发展服务项目的政府拨款力度逐年增加，到现在的第十一个五年计划期间，投入总计将达到4 440亿卢比，较之上一个五年投入的1 168亿卢比又增加了尽3倍。[③] 来自美、英、印三国政府持续、稳定及大额增长的拨款成为三个项目得以不断扩大的重要保障。

需要指出的是，政府对项目的财政投入并不简单等于对项目机构的拨款和资助，还包括对处境不利家庭的多种形式的学前教育补助等，例如以现金、实物、服务、代币券和减税退税等方式给予学前儿童家庭、项目机构资助和支持。还需指出的是，作为发展中国家的印度，其儿童综合发展服务项目在开始和发展过程中还得到来自世界其他国家和国际组织的援助，对该项目的发展起到了重要的支持作用。

五、师资优质——拥有身份明确、培训规范的较高质量师资队伍

明确项目教师的教师身份，提高项目教师的工资待遇和社会地位，通过职前高质量培养和在职可持续培训不断提高项目师资，是三个项目在师资发展中的重要经验。三个项目在师资发展方面的有力推动，反映出三国政府在提高师资质量上的决策力度和行动决心，反映出三国政府已经把提高师资质量作为推动大型学前教育推进项目的关键环节。

(一)明确教师身份以稳定和壮大教师队伍

综观三个项目，教师身份规格高，社会地位高，基本待遇与各项权益有保障，幼儿教师队伍稳定，项目质量有保证并持续提高，项目积极、健康发展是经

① 李晓红:《美国“提前开端”计划初探》,15页,重庆,西南大学硕士学位论文, 2006。

② National Audit Office Report (2007). Sure Start Children's Centres. [EB/OL]. www. nao. org. uk/publications/nao_reports/06 - 07/0607104. pdf. 2008 - 9 - 18.

③ Ministry of Women and Child Development (2006). Working group on development of children for the eleventh five year plan (2007—2012)—A report. [EB/OL]. http://wcd. nic. in/ 2008 - 7 - 16. Ministry of Women and Child Development. (2010) Integrated Child Development Services (ICDS) Scheme http://wcd. nic. in/icds. htm. 2011 - 2 - 14.

实践证明的良性循环和共同经验之一。具体来看，首先，三国虽未把项目教师纳入诸如国家公务员这样地位较高、较有保障的身份范畴，但项目教师的身份却在逐步提高。例如提前开端项目教师的身份仅次于美国公立机构幼儿教师，儿童发展服务项目的工作人员与其他正规机构的政府职员享受同等待遇。其次，三个项目的教师工资待遇呈现稳步提升的趋势。例如确保开端项目的平均工资水平高于其他保教机构儿童工作者的工资水平。总之，明确项目幼儿教师的身份是稳定、壮大项目教师队伍的关键。

（二）全面提升教师资质要求，以保证教师质量

吸引高素质人才不断充实并稳定、壮大项目教师队伍，以及提高教师素质是提升师资队伍整体水平、保证并促进项目质量持续提高的根本途径与必要手段。三个项目的经验显示，建立并规范教师资格制度，制定合理的资质要求并不断提高资质水平，是规范项目师资准入标准、提高幼儿教师专业水准与综合素质水平的有效途径和切实保障。例如，美国认为学前教育领域是提高教师素质过程中最需要关注的领域，提前开端项目教师的资格认证有严格标准，以提高教师的资格水平促进教育水平的提升，教师学历的不断提高，已成为该项目的重要发展趋势之一。英国多样并存的幼儿教师资格证书类型和统一的资格等级全国标准，为确保开端项目管理、机构员工聘用设立了法定依据，保证了项目教师的质量。

（三）保障培训权利、规范培训制度，以提高教师专业水平

三个项目都为所有教职员工设计了不同层次、不同规模、不同目的的培训。例如，提前开端项目中层次复杂、数量庞大的培训机构为提高教师和相关工作人员的素质奠定了良好基础。确保开端项目的教师培训享有国家专项拨款支持。儿童综合发展服务项目将入职之后的培训作为保证项目质量的重要途径，针对不同岗位的工作者设计并组织了各种各样的在职培训，来改善服务的质量和管理水平。

第三章　基本普及学前教育需要“推进农村学前教育项目”

当前，我国学前教育事业正处于改革与发展的关键阶段，《国家中长期教育改革和发展规划纲要（2010—2020 年）》（以下简称《教育规划纲要》）将基本普及学前教育作为 2010—2020 年我国学前教育发展的战略目标，并提出明确政府职责和重点发展农村学前教育的发展思路，致力于组织实施“推进农村学前教育项目”，将着眼于促进普及的学前政策落实为由国家主导的大型推进项目。值此政策机遇，本书认为有必要在充分认识和理解《教育规划纲要》精神的基础上，参照和借鉴美、英、印学前教育推进项目的有益经验，对我国学前教育尤其是“推进农村学前教育项目”的发展有所思考与规划。

第一节　基本普及学前教育：关键、重点与着力点

综观提前开端项目、确保开端项目和儿童综合发展服务项目的产生与发展可知，大型学前教育推进项目是在美、英、印三国特定政治局势、经济状况和思想文化基础的共同影响下，逐步从萌芽走向发展和完善的。针对我国当前构建和谐社会的迫切需要、经济发展对高质量人才的渴求、贫困地区经济和教育发展的滞后与瓶颈，以及学术界乃至国家对学前教育功能与价值的认识与关注，《教育规划纲要》将基本普及学前教育列为我国到 2020 年要实现的五大教育战略目标之一，提出到 2020 年实现“普及学前一年教育，基本普及学前两年教育，有条件的地区普及学前三年教育”。同时，针对我国政府在学前教育事业发展中职责不明确，以及学前教育在不同群体、城乡及地区间发展不平衡，学前教育

的发展亟须突破关键领域和薄弱环节等问题,《教育规划纲要》还强调了普及学前教育的关键是政府对学前教育的职责,其重点及难点在于农村学前教育的普及与发展,并由此提出了由政府组织和实施以学前教育的普及为着眼点,以加强关键领域和薄弱环节——农村幼儿学前教育为重点的"推进农村学前教育"项目,以一种不同于以往的创造性的新政策和新行动,即启动中国式的学前教育推进项目——"推进农村学前教育项目"探讨和实施我国学前教育事业的发展。

一、基本普及学前教育:关键在于明确政府职责

学前教育是全民终身教育体系的奠基阶段。办好学前教育,关系亿万儿童的健康成长,关系千家万户的切身利益,关系国家和民族的未来。[①] 基本普及学前教育的提出,一方面反映了我国政府对学前教育在社会发展中的基础地位和奠基作用的日益重视,另一方面也意味着政府要承担更多发展学前教育的任务和责任。强化政府在发展学前教育事业中的责任,既是现代政府的重要职责,也是破解当前我国学前教育普及工作中突出问题的迫切需求与关键所在。

(一)基本普及学前教育呼唤政府责任

基本普及学前教育的实现意味着将会有越来越多的适龄幼儿享有接受适宜的学前教育的机会。教育机会公平是教育公平的关键,从这个意义上来说,基本普及学前教育的实现将意味着教育公平在学前阶段的惠及全民,是实现教育公平的重要着力点与路径之一,是对《教育规划纲要》提出的"把教育公平作为国家基本教育政策"的工作方针和"形成惠及全民的公平教育"的战略目标的呼应。普及是公平指导下的普及,公平是普及基础上的公平。就中国的学前教育来说,没有普及就没有公平,没有公平也难以实现普及,公平与普及互为因果,互为条件,坚持普及与公平一体化,既是中国学前教育的发展战略,也是中国的基本教育政策。[②] 享有学前教育是我国的基本人权,国家有责任保证每个

① 《国务院关于当前发展学前教育的若干意见》国发〔2010〕41 号。

② 韩清林:《中国学前教育须坚持普及与公平一体化》,载《人民政协报·教育在线周刊》,2009-05-25。

孩子接受基本的学前教育。以普及为关键目标的学前教育公平的实现,其关键在于明确政府职责,强化政府的教育职能,依托政府的强大力量来保证学前教育普及重任的落实。

一方面,教育的公平和普及,往往只是社会弱势群体发出的无奈呼声,它的实现不可能依靠社会强势群体自觉完成,只能依靠一种权威性力量来主导和争取,这种力量主要来自政府。另一方面,基于权力优势和资源优势,政府必然在教育的诸多方面居于主导地位。一个好的负责任的政府,会通过不断调整自身的定位来积极影响教育发展的进程,[①]而学前教育的公共产品或准公共产品属性也决定了政府是发展学前教育的一个重要角色——政府在学前教育中扮演着最重要的公共性角色,掌握着最大的公共权力,控制着最基本的公共资源。由此可见,政府是推进学前教育普及与公平事业的主导力量,应进一步明确并强化政府的学前教育职责,加大学前教育改革与发展力度,切实落实《教育规划纲要》中强调的“明确政府职责”,把发展学前教育纳入城镇、社会主义新农村建设规划,在办学主体和机构设置、管理制度、财政投入和教师发展等方面有所行动。

此外,基于国际社会对学前教育重要价值与作用的逐步认识与深刻理解,学前教育的公共性价值已经得到各国的普遍认可,大部分国家都将学前教育定位于准公共产品或公共产品,并致力于推动学前教育向公共产品发展。基于这种定位,政府应成为学前教育发展的主导力量。同时,随着世界范围内政府改革、现代化政府建设潮流的推进以及政府在一国发展中的职责意识不断得到强化,美国、英国和印度等发达国家和发展中国家纷纷明确和强化了政府在学前教育事业发展中的重要职责及其职责定位,极大地推动了这些国家和地区学前教育事业的健康、持续发展。由政府承担实际职责向全体儿童,尤其是处境不利儿童提供接受学前教育的机会,已成为世界上大多数国家发展学前教育的重要方向。

政府是推进教育普及事业的主导力量,应进一步明确政府职责,切实落实

① 盛冰:《转型时期政府的教育公平责任及其边界》,载《教育研究》,2007(11),62页。

各级政府责任，推进学前教育的发展与普及，切实解决人民群众反映强烈的入园难、入园贵问题。[①]《教育规划纲要》中也明确指出了“教育公平的主要责任在政府”，强调在学前教育事业的发展中要“明确政府职责”，把发展学前教育纳入城镇、社会主义新农村建设规划，在办学主体和机构设置、管理制度、财政投入和教师发展等方面有所行动。

总之，如果说“普及学前教育”是一种理想化的教育公平期望，那么政府职责的明确与有效行使就是一种实现这种公平理想的可行性对策和现实化解决方案。明确学前教育在政府公共服务体系中的地位，明确政府在学前教育发展方面应承担的职责，通过政府行为和有效的管理引导学前教育普及的实现，是实现学前教育普及这一公平理想的最有力的实际力量。我国必须走以政府主导为主要方式的学前教育普及之路。

（二）政府普及学前教育的职责重点在于扶弱

从国际社会来看，诸多国家和政府在追求学前教育普及事业中发挥着主导作用并日益明确各级政府的职责，其许多具体做法对我国的学前教育发展有着重要的借鉴意义。其中，通过政府主导与行使具体职责来确保弱势幼儿能够平等享受学前教育服务，已成为越来越多的发达国家和发展中国家推动学前教育普及的重要措施，本书已经对此进行过详细论述。

就我国目前情况来看，在学前教育普及过程中，毫无疑问，占据人口少数却占有更多社会财富、社会资源的优势幼儿群体更能在学前教育的普及与提高中占得优势；而广大农村和贫困地区儿童、城市贫困家庭幼儿、流动儿童、残疾儿童等各类弱势幼儿群体则往往从人生起步开始就被排斥在教育体系之外，难以享受到平等的学前教育，成为学前教育普及中的难点与薄弱环节。政府作为学前教育普及事业的主导者，应该提供最基础的学前教育服务，保障大多数幼儿能够在学龄前接受教育，从而使所有公民享受到学前教育带来的公共性价值。由此，着眼于保障公平和促进普及，从我国不同群体、城乡以及地区发展很不平衡的现状出发，学前教育普及工作不能搞一刀切、齐步走，而应分区规划、分步

---

① 苏婷、高伟山：《国家督学庞丽娟：政府应主导学前教育》，载《中国教育报》，2009－02－27，第3版。［EB/OL］. 人民网. http://edu.people.com.cn/GB/14072579.html.

推进。正如诺贝尔经济学奖得主赫克曼教授在其一项针对中国人力资本投入情况的研究中所指出的：“中国……必须向贫困地区配置更多的教育资源。”[①]再加上学前教育与其他学段的教育不同，具有很强的教育补偿功能，即有质量的学前教育能够在很大程度上弥补家庭环境对幼儿的不利影响，从而确保幼儿早期健康、正常发展，确保后续教育的延续与成功，从而为处境不利幼儿拥有幸福的人生打好基础。[②] 世界银行研究报告也向中国建议：“特别关注贫困家庭儿童的早期发展并纳入政府扶贫计划，以均衡发展机遇，提高国家的未来竞争力。”[③]基于此，我国应借鉴国际社会的经验，将优先扶助弱势群体、促进学前教育的均衡发展作为政府普及学前教育的职责重点，进一步明确从中央到地方各级政府的职责，切实落实各级政府责任，以加快农村学前教育发展和对城市贫困、弱势群体提供多种形式的资助为重点，推进学前教育的发展与普及。[④]

二、基本普及学前教育：重点在于发展农村学前教育

因城乡与地域差异、经济条件落后以及残疾等而处于社会不利境遇的各类弱势幼儿群体是最需要政府扶持的人群。缺乏政府的政策倾斜与财政资助，这些弱势幼儿群体往往无法实现其应有的学前教育权利，而其学前教育权利的缺失将对一国学前教育普及的实现带来极大的负面影响。对我国来说，长期以来农村学前教育发展缓慢，资源匮乏，农村尤其是中西部地区农村学前教育的普及率极低。可以说，农村幼儿是最需要政府扶持的弱势幼儿群体，农村学前教育是我国加快发展和普及学前教育的突破口与潜力所在。基于此，《教育规划纲要》在提及基本普及学前教育的目标时提到要“重点发展农村学前教育”，“努力提高农村学前教育普及程度”。

---

① Heckman, J. (2002). China's investment in human capital. [EB/OL]. http://www2. econ. iastate. edu/classes/econ370/shuffman/documents/510401. web_001. pdf. 2011 - 8 - 25.

② 刘占兰：《学前教育的普及必须兼顾质量的提高——谈〈规划纲要〉中基本普及学前教育的内涵与措施》，载《学前教育研究》，2010(10)，21 页。

③ 中国 0 ~ 6 岁儿童早期发展应纳入公共服务框架[N/OL]. 人民网，http://acwf. people. com. cn/GB/99050/13981399. html，2011 - 02 - 23/2011 - 02 - 24.

④ 苏婷、高伟山：《国家督学庞丽娟：政府应主导学前教育》，载《中国教育报》，2009 - 02 - 27，第 3 版。[EB/OL]. 人民网，http://edu. people. com. cn/GB/14072579. html.

(一)基本普及学前教育亟待突破农村瓶颈

在我国,政府在普及学前教育过程中的扶弱对象多种多样:从地域来看,广大农村和贫困山区等是学前教育普及的薄弱点;从家庭背景来看,城市贫困家庭儿童、留守儿童、流浪儿童、流动儿童等是学前教育普及的薄弱点;从身心发展来看,残障幼儿也是学前教育普及的薄弱点……其中,广大农村地区儿童的学前教育是实现我国学前教育普及的突出问题和难点。

如果把我国第一所官方开办的、建立于1903年的湖北武昌幼稚园作为我国现代学前教育制度开端标志的话,我国学前教育已经走过了109年,在这109年的发展历程中,城市学前教育获得了长足发展,已基本解决城市幼儿入园问题,但农村幼儿在受教育机会和年限上却远远低于城市幼儿。据统计,2008年,全国城镇学前三年毛入园率为55.6%,农村仅为35.6%,两者相差20个百分点,农村地区学前教育普及率远远低于城镇地区,有大约65%的农村幼儿不能接受学前三年教育。[①] 即使在农村已经办起的屈指可数的幼儿园中,办园条件也普遍堪忧,教育质量更是无法与城市相比。世界银行的研究显示,中国61%的0~6岁儿童生活在农村,其中获得早期发展与教育机会的比例只有40%。[②] 总之,长期以来,农村学前教育发展缓慢、资源匮乏,农村尤其是中西部地区农村学前教育的普及率极低。农村家庭对学前教育需求迫切,但是家庭经济因素、居住地和学前教育资源稀缺等因素成为阻碍儿童获得平等受教育机会的主要因素。[③] 当前,农村学前教育发展滞后已经成为我国学前教育事业发展的瓶颈。

由此,在我们这个农业人口占绝大多数的国家,发展农村学前教育,为广大贫困地区的弱势幼儿群体提供学前教育服务,是促进我国学前教育发展、实现基本普及学前教育目标的重点和突破口;应在政府主导下重点加快农村学前教

---

① 刘占兰:《农村学前教育是未来十年发展的重点》,载《学前教育研究》,2010(12),3页。

② 中国0~6岁儿童早期发展应纳入公共服务框架[N/OL]. 人民网,http://acwf. people. com. cn/GB/99050/13981399. html,2011-02-23/2011-02-24.

③ Isolated Children's Parents' Association of Australia Federal Council. (2008). The Social Impacts of Drought on Families with young children. p. 208~220.

育的发展与普及，为广大农村儿童提供普惠的、基本的学前教育服务。基于此，《教育规划纲要》特别规定了对处境不利儿童群体的优惠、优先政策，提出“向农村地区、边远贫困地区和民族地区倾斜”，“重点发展农村学前教育，努力提高农村学前教育普及程度，着力保证留守儿童入园。多种形式扩大农村学前教育资源……支持贫困地区发展学前教育。”[①]时任国务院总理温家宝主持召开国务院常务会议，研究部署发展学前教育的五项政策措施时指出：要从今年（2010 年）开始，国家实施推进农村学前教育项目，重点支持中西部地区乡村幼儿园建设。[②] 中央政治局委员刘延东在《在全国学前教育工作电视电话会议》上指出，各级政府要把发展农村学前教育作为新农村建设的紧迫任务，纳入公共服务体系，加快乡村幼儿园建设……建立以提高教育质量为核心的农村学前教育管理运行机制，同时使农村适龄儿童能够享有公平的学前教育机会。[③]《国务院关于当前发展学前教育的若干意见》也明确指出，“各地要把发展学前教育作为社会主义新农村建设的重要内容，将幼儿园作为新农村公共服务设施统一规划，优先建设，加快发展”[④]。这表明我国政府已经意识到发展农村学前教育对于普及学前教育、均衡教育资源配置的重要价值，体现了政府把普及学前教育的重点放在农村的工作思路。

（二）发展农村学前教育应与教育反贫困战略配合进行

反贫困已成为全球性焦点话题，缓和乃至消灭贫困现象，是各国政府的共同目标和基本职责。发展农村学前教育，一方面是基本普及学前教育的重点和难点，另一方面，从我国农村普遍存在的贫困代际传递现象及我国反贫困的整体战略来看，农村学前教育发展状况如何，不仅关系到农村基础教育的发展，更

---

① 国家中长期教育改革和发展规划纲要（2010—2020 年）. 中央政府门户网站，[EB/OL] http://www.gov.cn/jrzg/2010-07/29/content_1667143.htm. 2011-3-29.

② 国务院常务会议研究部署当前发展学前教育政策等. [EB/OL]. 国务院，http://www.gov.cn/ldhd/2010-11/03/content_1737322.htm. 2011-8-22.

③ 刘延东：在全国学前教育工作电话会议上的讲话. [EB/OL]. 中国新闻网，http://www.chinanews.com/edu/2010/12-01/2692567.shtml. 2011-8-20.

④ 国务院关于当前发展学前教育的若干意见. [EB/OL]. 教育部，http://www.moe.edu.cn/publicfiles/business/htmlfiles/moe/s3327/201011/111850.htmlhttp://www.moe.edu.cn/publicfiles/business/htmlfiles/moe/s3327/201011/111850.html 2011-8-20.

关系到农村社会经济的协调发展，发展农村学前教育也是反贫困战略的重要组成部分。就目前来看，儿童贫困（child poverty）现象在世界范围内的蔓延已经越来越多地受到世界各国的重视。儿童贫困不仅是因家庭贫不能享有适当的物质生活，还包括人力资本发展机会的匮乏、家庭社会网络资源的贫乏、表达自己要求和希望的权利缺乏以及参与权利的缺失等。儿童生于何种家庭，决定了其生活的社区、他们的父母、父母给他们提供的资源、他们接受早期保育和教育的数量和质量，这些经历不是支持儿童通过各种途径获得适应市场需求以及学校成功所需要的技能，就是严重损害儿童获得这些能力的各种机会。[①] 儿童贫困既是贫困代际传递的结果，也是贫困代际传递产生的重要原因。

经济、政治、心理与教育等领域的多项研究都证明，高质量的学前教育方案能够更好地帮助儿童做好入学准备，为儿童进入义务教育阶段的学习提供一个公平的起点，从而有效地在儿童身上阻断贫困的代际传递，使儿童未来能够成为一个有生产能力的人，从而能够从根本上改变贫困儿童的困境，扼制“起步落后，终身落后”的马太效应，摆脱贫困代际传递的噩梦。同时，借助于对社会人力资源的贡献，高质量的学前教育方案有益于增加社会税收，减少社会服务的开支，降低贫困人口的犯罪率，实现社会的可持续发展与和谐共处。诺贝尔经济学奖得主阿玛蒂亚·森在其有关儿童权利被剥夺问题的研究中从发展与自由、死亡率与不自由、儿童的健康和生存，以及儿童能力的养成与成年能力素质的关系等方面肯定了投资早期儿童对打破贫困恶性循环[②]的意义。森认为，将儿童发展的研究范围拓展到儿童早期及胎儿时期，分析导致贫困的原因及后果是反贫困研究的最重要课题。[③] 基于此，许多国家都重视通过给予弱势群体儿童学前教育干预以从根源消除贫困。无论是美国 20 世纪 60 年代就发起的“所

---

① Neuman, S. (2009). Changing the odds for children at risk: seven essential principles of educational programs that break the cycle of poverty. New York, Teachers college press. p. 2.

② Sen, A. (1999). Breaking the Poverty Cycle: Investing in Early Childhood. Paris.

③ 阿玛蒂亚·森：《阿玛蒂亚·森关于解决全球贫困儿童问题的观点》，刁琳琳译，载《中国发展研究基金会研究参考》，2009(11)，1～7 页。

有的美国儿童都不应该因为其出身而被宣判为失败”[①]的反贫困运动，近年来的“普及学前教育”运动和《0～5岁教育计划》，英国在“第三条道路”和“全纳社会”的改革理念下发起的一系列致力于学前教育普及和公平的学前教育法律与动议，还是印度在其《国家儿童行动计划》中提出的“给那些处境最不利的，穷人中最贫困的以及获得最少服务的儿童以最优先的政策以及行动干预”[②]，都致力于通过学前补偿教育的形式对抗贫困。世界诸国多年的努力表明，实施主要面向弱势儿童群体的学前教育干预并将其作为教育反贫困战略的切入点和核心，在以打破贫困代际传递的宗旨下客观上也促进了学前教育的公平与普及。

当前，中国模式已然成为国际社会关注与讨论的焦点。他们不仅关注中国的经济模式，也关注中国通过改善儿童早期发展来消除贫困的做法。对于正处于经济高速发展和社会转型时期的中国来说，这一问题也恰恰更为突出，显著地表现在教育机会的不平等导致贫困的代际延续，尤其是农村家庭子女的教育不平等及贫困的代际延续。世界银行研究报告也向中国建议“特别关注贫困家庭儿童的早期发展并纳入政府扶贫计划，以均衡发展机遇，提高国家的未来竞争力”[③]。由此，我国消除儿童贫困、打破贫困代际传递的突破口是重点发展农村学前教育。建立以农村学前教育发展为重点的教育反贫困战略，通过学前教育对儿童的素质和技能进行全面提升，斩断贫困的累积循环因果链条，从而实现中国农村贫困地区经济、社会、文化的全面可持续发展，对我国基本普及学前教育目标的实现和我国反贫困事业的发展均具有重要的政策意义和实践价值。将发展农村学前教育与国家反贫困战略配合进行的思路值得我们深思并行动。

三、基本普及学前教育：着力点在于“推进农村学前教育项目”

着眼于教育公平，《教育规划纲要》提出了我国政府在2010—2020年组织实施一批以加强薄弱环节和关键领域为重点的重大项目。其中，围绕“基本普

---

① Zigler, E., &Valentine, J. (ed.). (1979). Project Head Start: A legacy of the war on poverty. New York, NY: Free Press. p. 72.

② National Plan of Action for Children 2005. [EB/OL]. http://wcd.nic.in/. 2008-06-16.

③ 中国0～6岁儿童早期发展应纳入公共服务框架[N/OL]. 人民网, http://acwf.people.com.cn/GB/99050/13981399.html,2011-02-23/2011-02-24.

及学前教育”,“明确政府职责”和“重点发展农村学前教育”的学前教育发展目标与思路,将“推进农村学前教育项目”列为未来10年组织实施的重大项目之一。“推进农村学前教育”项目的提出体现了国际社会以国家举办的学前教育项目引领学前教育发展的趋势,为我国实现以明确政府职责为关键、以发展农村学前教育为重点的基本普及学前教育目标提供了很好的方案设想与着力点。

(一)基本普及学前教育应吸纳学前教育反贫困项目的经验

伴随国际社会对儿童贫困现象和早期干预的重视,对6岁以下的贫困儿童实施早期干预,以截断贫困代际传递,改善贫困人口质量,已经成为世界性共识。对发达国家而言,这是人力资源建设的重要步骤;对发展中国家来说,这是亟须解决的现实课题。各国不同程度地建立了以弱势群体学前教育发展为切入点和核心的反贫困体系,将大型学前教育推进项目作为国家消除贫困的重要战略选择,且随着项目几十年的推进而使反贫困效果持续递增。美国的提前开端项目专门为贫困家庭的3~4岁儿童提供免费学前教育和保健服务,改变了以往只有中产阶级家庭的儿童才能接受学前教育的状况,扩大了学前教育的受益对象,使越来越多的儿童能够享受到教育机会均等带来的好处,[①]甚至有人评价道:“提前开端项目的诞生就是国家为实现社会公平所做的努力尝试的一部分,也是为了通过该计划让那些深陷于贫困的美国公民开始新的生活,回到主流之中”[②]。英国的确保开端项目通过扩大社区合作、保教一体化、咨询等手段,来实现贫困家庭的教育自救以及贫穷的自我预防,被“作为政府在20年内根除儿童贫困和10年内减少一半贫困儿童目标的基石”[③]。印度的儿童综合发展服务项目旨在以综合的方式为学前儿童提供服务,确保生活在农村、部落民族和

---

① Commissioner's Office of Research and Evaluation, And the Head Start Bureau, Administration on Children, Youth and Families. U. S. Department of Health and Human Services. Celebrating Cultural and Linguistic Diversity in Head Start. [EB/OL]. http://www. acf. hhs. gov/programs/opre/hs/celeb_culture/reports/diversity/celebrating. pdf. 2010 -04 -02.

② Ziglert, E. , Styfco, S. J. (2004). America's Head Start program: An effort for social justice. In Social Development, Social Inequalities, and Social Justice. (ed.). (2008). New York, NY: Lawrence Erlbaum Associates. p. 53.

③ 每个儿童都重要. [EB/OL]. http://www. everychildmatters. gov. uk/deliveringservices/multiagency-working/glossary/? asset = glossary&id = 22540,2008 -8 -17.

贫民窟地区的儿童正常的成长和发展。① 三个学前教育推进项目的持续推进不仅表明国家为贫困儿童提供免费的早期保育和教育有助于国家人力资源的提升以及社会的安定繁荣，同时客观上在通过政府的主导促进弱势群体儿童的学前教育公平与普及方面积累了丰富经验，这对我国实现以明确政府职责为关键、以发展农村学前教育为重点的基本普及学前教育的目标极具借鉴意义。

（二）“推进农村学前教育项目”将引领我国学前教育普及目标的实现

由上述思考与分析可知，“推进农村学前教育项目”的提出配合了我国《教育规划纲要》的战略走向，有助于实现基本普及学前教育的发展目标，同时也是国际学前教育领域追求教育普及和公平、强化政府学前教育职责等价值诉求和政策举措的体现。“推进农村学前教育项目”的提出为摆脱我国农村学前教育事业缺乏有益有效模式的现实困境、合理借鉴来自其他国家大型学前教育推进项目的优秀经验提供了很好的政策机遇与行动设想，对于我国这样一个发展中的人口大国来说是一个重大挑战，也是一次促进社会内涵发展和民生发展的重大机遇，更是一次历史觉醒，它对整个社会发展、教育发展和个体终身发展等各个层面都有积极的意义。本书对提前开端项目、确保开端项目和儿童综合发展服务项目这三个世界著名的大型学前教育推进项目进行的研究与思考，为建设我国“推进农村学前教育项目”，引领学前教育普及的实现提供了有益启示与行动参考。

第二节　“推进农村学前教育项目”：应该明确的几个核心问题

当前，“推进农村学前教育项目”尚处于酝酿与初步创建之中，还会面临诸多困难和问题，需要我们审时度势、解放思想，借鉴美、英、印三国的经验，在研究和实践中持续改革、不断探索。如何在《教育规划纲要》方针的指引下，通过

① Ministry of Women and Child Development. [EB/OL]. http://wcd.nic.in/icds.htm 2010 - 2 - 15.

政府的主导对项目的基本定位、举办机构、管理体制、投入体制和师资发展等问题进行明确、适时的改革与调整,迎接可能出现的困难与危机,推动项目的不断扩大与发展,以农村学前教育的重点发展带动基本普及学前教育的战略目标的最终实现,是我国"推进农村学前教育项目"即将迎接的挑战和得以发展完善的途径。综合前面的分析与讨论,本节提出我国"推进农村学前教育项目"应该明确的几个核心问题,分别是:进一步阐释"推进农村学前教育项目"的价值、功能与地位;进一步确立政府主导、公办为主、多种机构参与实施的项目发展模式;进一步明确项目的政府主管部门并有效协调各相关部门参与项目管理工作;进一步确立政府对项目的财政投入责任并规范投入方式;进一步明确项目中幼儿教师的身份并保障幼儿教师教育的质量。

一、进一步阐释"推进农村学前教育项目"的价值、功能与地位

提前开端项目、确保开端项目和儿童综合发展服务项目基本定位的确定是基于三国对学前教育重要价值与功能的阐释,尤其是对学前教育对实现教育起点公平,进而促进教育公平、消除社会排斥,实现社会公平与和谐发展的重要而长远意义的深刻理解。"推进农村学前教育项目"应借鉴国际经验,明确项目公平性、公共性、综合性的基本定位,并针对我国当前农村及弱势群体学前教育的现实状况,对基本定位做出明确规定。本书认为,"推进农村学前教育项目"应该是由中国政府创设,旨在通过为 0 ~ 6 岁农村儿童及其家庭提供融健康、教育、营养、社会等为一体的综合性免费服务,确保农村儿童身心和谐发展的,由国家主导的学前教育推进项目。

二、进一步确立政府主导、公办为主、多种机构参与实施的项目发展模式

第一,应强化中央政府的主导性职责,由多种机构共同承担项目发展。综观本书聚焦的三个项目,美、英、印三国均通过法律法规确认了中央政府负有发展大型学前教育推进项目的职责,强化政府职责特别是中央政府的主导性职责,由政府作为机构的举办主体,且由多种机构共同承担项目职责是决定项目

积极走向与健康发展的关键。对我国来说，确立我国学前教育事业发展政府主导的原则与模式，加强政府在“推进农村学前教育项目”中的主导作用，对于扩大学前教育覆盖范围、提升学前教育质量有着重要作用。但是，根据2007年的统计数据，我国幼儿园中有60%是民办，[①]且很多民办幼儿园存在各种各样的问题，例如幼儿园数量不足、办园条件简陋、基础设施不完善、卫生条件差、教学的小学化倾向严重等。面对我国现存的民办幼儿园占据大半江山，却由于缺乏政府督导而出现了许多不规范问题的现状，“推进农村学前教育项目”的实施既需要国家加大政府办园比例，同时在相当长一段时期内也需要私立和非政府机构园所的分担和支持，这就需要政府对这些园所提供资金支持，并严格机构办学规范，使其在机构数量和质量上有较大改观。

第二，应采取有所为、有所不为的机构办学方式。如前所述，政府主导大型学前教育推进项目并不等于全部由政府直接举办项目机构，而是通过有所为、有所不为的方式实现有效引导。关于机构办学规范的设置，提前开端项目和确保开端项目的发展经验为我国广大农村和偏远落后地区学前教育的发展提供了有益的借鉴。作为面向低收入家庭实施的补偿教育方案，这两个项目为学前儿童提供的以学前教育和健康服务为主要内容的综合性服务符合儿童发展的最基本需要，承担项目具体服务职责的机构——提前开端中心和确保开端中心充分依托和利用了社区资源，投资少、见效快、易普及，以儿童的发展为目标，协调整合各种社会资源，营造适合儿童发展的成长环境。它既是学前教育中心，又是幼儿健康服务中心，还是家长教育和家庭育儿指导中心，一专多能。以政府的资助为主，吸收了地方资金的支持，减轻了儿童家长的负担。尽管这是一种非正规的学前教育服务模式，但实践证明，这种中心制综合性模式适合贫困社区实际情况和低收入家庭的发展需要，有利于儿童事业的发展，有利于儿童的成长，是一个成功的学前教育模式。此外，我们还可以从国情相似度较高的印度儿童综合发展服务项目进行借鉴。儿童综合发展服务中心的规模和人口规范是建立中心的重要依据，每个中心为每个儿童每天提供的服务也都有精准

① 教育部门户网站[EB/OL]. http://www. moe. edu. cn/edoas/website18/level3. jsp? tablename = 1241422680426171&infoid = 1245373187284413&title = 幼儿园园数、班数 2010 - 3 - 25.

的量化规定。我国农村贫困地区幼儿园数量较少,幼儿园与家庭距离较远,幼儿园设施简陋,资源相对匮乏,需要政府采取"多种形式扩大农村学前教育资源,新建扩建托幼机构,在小学附设学前班,充分利用中小学布局调整的富余校舍和教师资源。建立幼儿园准入和督导制度,加强学前教育管理,规范办园行为。支持贫困地区发展学前教育" ①。

第三,三个项目的服务模式适合我国广大农村,特别是中西部地区学前教育事业发展的需要。以笔者曾经深入进行项目探索②的乐都县为例,乐都县利用中小学规模调整的有利条件,把闲置下来的校舍改建成早教点,把当地职业高中受过专业教育的幼教专业在读学生和待岗的幼儿教师及小学教师经过培训后充实到学前教育师资队伍中,通过非政府机构资助的方式解决资金投入问题。部分早教点还附设家长学校,幼儿教师通过家庭访问、集中辅导等形式为家长普及基本育儿知识,以期为幼儿创造良好的家庭环境。这与本书所聚焦的三个项目在机构设置的某些方面不谋而合。对这些幼教机构来说,资金多渠道、教师多角色、幼儿园多职能成为最大特色。事实证明,这种新型学前教育机构政府负担得起、农民上得起,因地制宜地解决了农村特别是偏远山区学前教育普及难的问题。

三、进一步明确项目的政府主管部门并有效协调各相关部门参与项目管理

政府的宏观管理、政策导向是影响学前教育发展的最重要因素,其管理水

---

① 国家中长期教育改革和发展规划纲要(2010—2020 年)(公开征求意见稿). [EB/OL]. 教育部门户网站, http://www. moe. edu. cn/edoas/website18/zhuanti/2010zqyj/zqyjg. htm#_Toc254687556 2010 - 3 - 19.

② 2009 年 8 月,作者有幸参与了由中国发展研究基金会发起、北京师范大学学前教育研究所"教育起点公平项目组"合作参与的"教育起点公平:中国反贫困与儿童早期发展项目",作为项目组主要成员之一,负责项目第一期——青海省乐都县早教志愿者选拔与培训的整体设计、课程开发和教师培训工作。该项目是一项旨在通过政府、非政府组织、学术机构等的通力合作,对中国特色反贫困模式的深度探索,研究出促进贫困儿童综合发展的中国特色反贫困战略,从而为贫困地区处境不利的儿童提供全面的儿童早期保育与教育服务,为国家提供教育起点公平的决策依据、组织形式、教育教学模块以及教师选聘与培训参考的综合性学前儿童发展项目。

平直接影响着学前教育的质量。这在本书聚焦的美、英、印学前教育推进项目中得到突出体现:明确政府职责及保障职责履行、规范相关政府部门协作机制是三个项目得以有效实施的重要保证之一。而当前我国中央及地方各级政府的学前教育职责不明确、不到位,学前教育主管部门及相关部门职责权限不明晰,缺乏必要的协作。因此,在我国实施“推进农村学前教育项目”的过程中,应尽快确立政府主导的发展模式,进一步明确中央政府作为项目主管部门的职责并有效协调各相关部门参与管理,以保障并推进农村学前教育项目的有效实施和健康、可持续发展。

第一,应确立政府主导的项目发展模式。综观本书所聚焦的三个项目,政府在项目发展中的职责意识不断得到强化,且近年来这一趋势和特点尤为突出,提前开端项目、确保开端项目和儿童综合发展服务项目均着力明确并强化政府在学前教育推进项目发展中的重要职责,包括明确政府在项目发展中的职责定位,强化中央政府在项目发展中的重要核心职责,明晰各级地方政府的项目职权,以及明确部门职责,建立并规范部门协作机制等。政府主导的确立与执行极大地推动了三个项目的健康、持续发展。可以说,政府在“推进农村学前教育项目”发展中必须发挥中流砥柱的作用,政府职责不清,特别是忽视甚至放弃政府职责的后果将严重降低项目实施的效果。反观我国,当前学前教育行政管理中存在管理力量薄弱,以及多头管理、越位管理与管理真空等责任混乱的问题,严重影响着学前教育机构的健康发展、学前教育质量的保证与提升,以及幼儿园安全保障等的实现。因此,针对目前我国学前教育政府职责定位不清的突出问题,应首先确立“推进农村学前教育项目”由政府主导的原则与模式。

第二,应强化中央政府的重要职责并积极发挥地方政府的作用。基于对美、英、印学前教育推进项目的中央与地方管理权限的深入分析和研究发现,三个项目均不断强化中央政府在项目发展中的重大职责,极大地保障并推动了该国项目持续、稳定的整体发展。反观我国,20 世纪 80 年代中期以来,以地方负责、分级管理为主要内容的我国教育体制改革的推进也影响着学前教育领域,并在一段时期内在一定程度上推动了我国学前教育事业的发展,但同时也使我国学前教育事业中各级政府职责的划分重心偏低,特别是弱化、简单化了中央政府的学前教育职责，由此也带来了地方政府学前教育事业发展中事权与财权的不对称等制约和阻碍我国学前教育事业健康发展的深层次、根源性问题。中央政府学前教育职责的不清晰，规定不明确、不到位直接导致了学前教育各级政府职责配置的不合理以及地方各级政府相应职责的模糊与落实不力，进而严重阻碍了我国学前教育事业的快速发展。因此，借鉴美、英、印经验，并从我国学前教育改革与发展的实际问题出发，"推进农村学前教育项目"应强化中央政府管理项目的重要职责并积极发挥地方政府的作用，并对中央政府与地方各级政府的项目职责做出规定：中央政府负责项目发展的宏观规划与战略部署、法律与政策制定、经费保障与财政投入、统筹领导与宏观管理、组织协调、师资建设等；地方各级政府项目负责制定本地项目发展规划、项目机构标准，负责对本地项目的财政投入、项目教师队伍配备及其编制等。

第三，应明确各部门职责，建立健全跨部门协作机制。从学前教育推进项目的管理部门来看，在加强主管部门领导的基础上，明确规定各相关部门的职责，形成主管部门牵头、各相关部门协作的项目管理模式是三个项目的共同选择。这主要是基于以下认识：作为一项受制于儿童身心发展规律与特点的社会公共事业或准公共事业，学前教育涉及教育、卫生、福利、民政、财政和建设等诸多部门，单一部门凭一己之力无法涵盖和管理学前教育发展的方方面面，大型学前教育推进项目的管理也不例外。我国《幼儿园管理条例》规定："国家教育委员会主管全国的幼儿园管理工作；地方各级人民政府的教育行政部门，主管本行政辖区内的幼儿园管理工作。幼儿园的管理实行地方负责、分级管理和各有关部门分工负责的原则。"[①]在这种管理体制下，发挥主管部门的领导力，明确各级政府的职责，同时调动各相关部门协调合作就显得尤为重要。就我国"推进农村学前教育项目"而言，其管理涉及人事制度、房舍设备、经费开支、卫生保健、物资供应等问题，许多问题不是单靠教育部门就能够解决的，而是需要各级政府部门如卫生部门、财政部门、建设部门、妇联等相互配合、共同参与。应明确项目主管部门及相关政府部门的职责，并加强各部门之间的协调合作。同时

① 中华人民共和国国家教育委员会令第4号，幼儿园管理条例[EB/OL]．教育部门户网站．http://www.moe.edu.cn/edoas/website18/96/info5896.htm 2010-3-25.

明确规定，完备地方各级项目主管部门与专职管理人员，并明确其各项职责。一方面，教育部门需要发挥主导作用，切实把“推进农村学前教育项目”纳入新农村建设规划中去，把办好“推进农村学前教育项目”当作重要的业务指标来落实，为“推进农村学前教育项目”的发展提供政策、经费、领导和物资保障。另一方面，需要进一步明确各级政府部门在“推进农村学前教育项目”中应承担的职责，各级地方政府应当承担起组织和发展“推进农村学前教育项目”的责任，“坚持实行地方负责，分级管理和有关部门分工负责的幼儿教育管理体制”①。各级地方政府应根据实际情况，因地制宜地制定项目规划，扶持“推进农村学前教育项目”在本地区发展。

四、进一步明确政府对项目的财政投入责任并规范投入方式

政府在学前教育事业发展中的职责最集中、最重要的体现之一即对学前教育的财政投入。综观美、英、印学前教育推进项目的投入体制，设立项目专项拨款，将其纳入国家财年预算并单项列支，以及建立项目经费分担机制等，构成了三个项目持续增加项目财政经费的宝贵经验。而当前我国学前教育事业发展缺乏基本的经费保障，政府财政投入不到位、财政投入体制不顺等是当前制约我国学前教育事业发展的关键因素之一。基于上述经验并结合我国学前教育发展的现实情况，本书认为，明确各级政府项目财政投入的职责，完善并创新项目财政投入体制是我国“推进农村学前教育项目”中应该重点落实的方面。

第一，提高政府对项目的财政性投入，并将项目经费纳入中央政府财政性教育预算并实行单项列支。由美、英、印学前教育推进项目的经验可知，中央政府对本国项目的主导型职责的重要体现之一即保障对项目的财政性投入，并将项目经费预算纳入国家年度财政预算，实行项目经费单项列支，以此使学前教育推进项目的财政性投入更具长期稳定性，并且近年来三个项目的预算额度呈现明显增长趋势。反观我国，当前制约我国学前教育发展及其公平的关键因素

① 教育部、中央编办、国家计委、民政部、财政部、劳动保障部、建设部、卫生部、国务院妇儿工委、全国妇联关于幼儿教育改革与发展的指导意见［EB/OL］. 教育部门户网站. http://www.moe.gov.cn/edoas/website18/level3.jsp? tablename = 1491&infoid = 13962 2010 - 3 - 25.

是资金匮乏。以2004年为例,我国学前教育总投入仅占GDP的0.06%,财政性幼教经费占GDP的0.05%,学前教育总投入仅占全国教育总投入的1.28%。[①] 财政投入不足导致我国学前教育作为准公共事业难以取得较大发展。这些有限的资金到农村地区就更显捉襟见肘,“据国务院有关部门调查,税费改革前的农村教育投入方面,乡镇政府投入占78%,其余22%由县级以上政府投入,其中中央财政投资仅占2%”[②]。与此同时,我国中央财政长期以来没有专项经费用于学前教育,年度财政预算没有将学前教育投入单列,致使学前教育事业发展长期缺乏制度保障。针对这种困境,我国政府应将“推进农村学前教育项目”经费纳入中央政府年度教育财政性预算,并设立项目经费专门科目,实行项目财政预算的单项列支,并及时足额拨付,从而确保项目机构的正常运转,确保项目教职工工资按时足额发放等。

第二,确立中央与地方各级政府分担、省统筹的项目财政投入体制。除中央政府的投入外,地方政府的投入也是目前美、英、印学前教育推进项目经费的重要来源。综观三个项目的地方政府投入职责,主要包括:按比例分担保证项目的实际投入,将中央专项拨款用于发展项目、项目机构的投资建设等。当前,我国学前教育实行的是以县为主的管理体制,县级政府制定的学前教育的财政投入政策对于学前教育的发展至关重要,[③]但由于发起于20世纪90年代的以分税制为基础的分级财政体制改革,除中央外的省、市、县、乡(镇)四级政府出现了明显的学前教育事权、财权、财力重心上移的状态,这种不对称的地方学前教育事权与财权,使得地方政府的学前教育财政投入职责难以落实,不增反降。因此,“推进农村学前教育项目”的投入分担应着力摆脱这种现实困境,实行中央和地方各级人民政府根据职责共同负担,省、自治区、直辖市人民政府负责统筹落实的体制。各级政府应根据中央政府的规定,按比例分担项目财政经费,具体分担比例依据不同地区社会经济发展水平不同可有所调整。

---

① 蔡迎旗:《幼儿教育财政投入与政策》,93页,北京,教育科学出版社,2007。

② 周洪宇:《教育公平是和谐社会的基石》,165页,合肥,安徽教育出版社,2007。

③ 刘焱等:《我国学前教育财政投入的路径选择——以浙江省安吉县为参照标准》,载《教育学报》,2010(5),60页。

第三，应积极寻求国际组织及国内非政府组织的援助。作为发展中的人口大国，我国在一定程度上受到经济发展水平的限制，即使政府财政投入比例很大也难以满足全部弱势儿童的需求。学前教育很强的外部性决定了政府和社会力量都应该对其提供支持，在这方面，印度儿童综合发展服务项目积极争取国内外组织资助的做法为我们做出了很好的示范。当前，我国的非政府组织发展迅速，政府可以鼓励举办者多渠道寻求资金来帮助弱势儿童通过学前教育走出困境，并积极寻求如联合国儿童基金会和美国国际开发署等承诺支持非正式幼儿保育和教育计划的捐助组织①的支持与帮助。

第四，通过立法保障项目财政投入，这也是最关键的一点。我国现阶段的学前教育相关法规、政策性文件主要包括 1987 年的《幼儿管理条例》、1989 年的《幼儿工作规程》和 1995 年的《加强学前班工作意见》，主要的法律依据则是《教育法》。前三个文件约束力弱、强制性低，只停留在规章制度层面，而在《教育法》中，对学前教育却没有单独的明确规定。对美、英、印学前教育推进项目投入体制的比较研究发现，它们皆依据法治原则，把对项目的投入——包括经费的来源、分配与使用等通过刚性立法的形式加以规定、规范，并根据实施情况和新的问题不断补充、完善。“推进农村学前教育项目”作为我国当前正在大力实施和推动的重要学前教育政策，其积极、健康与持续发展同样需要刚性、适宜的法律规范与保障，从而较为有效地保证项目的财政投入，同时也在很大程度上避免了资金滥用、挪用和不合理侵占问题的产生，有助于学前教育推进项目朝着规范化、法制化和科学化的方向发展。

五、进一步明确项目中幼儿教师的身份并保障幼儿教师教育的质量

由前文分析可知，明确项目教师的身份，提高项目教师的工资待遇和社会地位，通过职前高质量培养和在职可持续培训不断提高项目师资，是美、英、印大型学前教育项目在师资发展中的重要经验。三个项目在师资发展方面的有

① UNESCO. (2007). EFA global monitoring report 2007: Strong foundations early childhood care and education [EB/OL]. http://unesdoc.unesco.org. 2011-7-10.

力推动,反映出美、英、印等国政府在提高师资质量上的决策力度和行动决心,反映出他们已经把提高师资质量作为推动大型学前教育项目的关键环节。结合美、英、印项目的经验和我国学前教育的实际状况,本书认为,在“推进农村学前教育项目”中应对教师的身份、地位、工资、待遇、培训等基本权益及其资质要求、资格制度等做出明确规定,为项目师资队伍建设与发展提供可行机制和有效保障。

第一,应明确教师身份以稳定和壮大教师队伍。综观三个项目,教师身份规格高,社会地位高,基本待遇与各项权益有保障,幼儿教师队伍稳定,项目质量有保证并持续提高,项目积极、健康发展是经实践证明的良性循环和共同经验之一。然而,从我国幼儿教师队伍的整体情况来看,幼儿教师尤其是农村幼儿教师是整个教育体系中的薄弱环节。我国目前没有对幼儿教师编制和资格设置专门标准,幼儿教师待遇低,工资水平、职务晋升等得不到基本保证。目前,农村幼儿教师大都是农业户口,教师身份不被认可,工资标准低且不稳定,每月收入只能维持温饱,生活上得不到保障。[①] 2004 年,农村幼儿教师每月工资在 300 元以上的仅占 31%左右。[②] 没有明确的身份和保证正常生活的待遇导致学前教师队伍不稳定,政府有必要按照教师法的相关规定提高幼儿教师的身份,将其纳入教师编制,同时提高工资待遇,制定最低工资,满足教师的物质生活需要,还可以通过加强社会保障等方式解除教师的后顾之忧,使教师全力投入教学工作中。

第二,应保障培训权利,规范培训制度以提高教师专业水平。美、英、印项目都为所有项目教职员工设计了不同层次、不同规模、不同目标的资质要求和培训制度。而从我国幼儿教师师资培训的现状来看,以 2005 年为例,我国城市幼儿教师中专任教师的比例是 55.21%,而农村幼儿教师中,专任教师的比例不到 17%,其中大部分是高中学历。[③] 尚有 27%以上的在职幼儿教师没有接受过专业培训,幼儿园教师的再教育也很少被纳入政府的教师培训计划,农村和民

---

① 于冬青、梁红梅:《中国农村幼教师资存在的主要问题及发展对策》,载《学前教育研究》,2008(2),13 页。
② 王化敏:《关于幼儿教育事业发展状况的调查报告》,载《早期教育》,2003(5),4 页。
③ 教育部发展规划司:《中国教育统计年鉴(2005)》,16 页,北京,人民教育出版社,2006。

办幼儿园教师普遍缺少接受继续教育的机会。[①] 总之，在我国农村地区，幼儿教师的在职培训水平较低，地方政府可以根据本地区的需求，采取多种方式进行灵活的培训，建立多层次、多形式、多元开放、立体交叉的幼儿教师教育与培训体系，加强幼儿教师队伍建设。

总之，在“推进农村学前教育项目”的实施中，项目教师是一个特别需要关注的群体，他们的生存状况及能力素质直接影响项目师资队伍的稳定和师资水平的提高。改善项目教师生存状况、提高项目教师专业素质是发展“推进农村学前教育项目”刻不容缓的需求。

① 不让学前教育成“短板”[EB/OL]. 教育部门户网站. http://www.moe.gov.cn/edoas/website18/06/info1268723529657506.htm 2010-3-20.

结章 "推进农村学前教育项目"需要立法保障

本书遵循代表性与系统性相结合、论据研究与综合分析相结合、国际经验与政策分析相结合的研究原则,通过问题法、比较法、因素分析法等多种研究方法,围绕美、英、印学前教育推进项目的产生背景与发展历程、主要内容及经验,以及其对我国"推进农村学前教育项目"的借鉴参考等问题进行了研究和探讨,取得了一些研究结果与发现,并提出了一些观点与建议。但由于美、英、印学前教育推进项目比较研究仍是一个相对较新的研究领域,其研究思路、方法与范式尚处于尝试和探索中,本书也是该研究领域的一个初步成果。同时,研究本身的宏观性、复杂性,涉猎内容的广泛性也增加了研究的难度,加之时间、精力与研究经验的局限,本书尚存在有待进一步研究的问题,主要包括以下几个方面:还可对涉及三个项目的所有政策文本和研究成果进行更为深入的了解和分析;对三个项目的产生背景与发展历程及其效果等进行长期的跟踪与实地研究;以及对我国学前教育发展现状及问题做出更为精确到位的把握和进行深入高位的研究,对我国"推进农村学前教育项目"提出更为成熟和具体的启示与建议等。这些都需要在后续的研究中进一步探索、推进和细化。而在所有仍需继续研究的问题中,对"推进农村学前教育项目"的法律保障问题的深入研究和尽快制定与实施是最关键和急迫的问题。

当前,我国学前教育事业正处于改革与发展的关键阶段,面临诸多问题与挑战,其中相当一部分问题是带有全局性、根本性的重大问题,这些问题的存在直接影响着我国学前教育事业的积极、健康与持续发展,而这些问题之所以至今没能很好地得到解决,其关键原因之一即在于缺乏必要、适宜的法律规范与保障。学前教育的法治化不仅是现代学前教育发展的必然要求,更是现代学前教育重要的基本特征之一。[①] 我国学前教育相关法律法规比较薄弱，在整个教育法律体系中，只有学前教育没有制定相关法律。[②] 通过立法的形式对学前教育最基本和最重要的问题进行规定，以更为有力和规范的方式推进学前教育发展，无疑是我国学前教育事业发展的迫切现实需求。[③] “推进农村学前教育项目”作为我国当前正在大力实施和推动的重要学前教育措施，其积极、健康与持续发展同样需要刚性、适宜的法律规范与保障。与此同时，美、英、印学前教育推进项目的经验表明，系统、全面与针对性强的项目法规对保障和促进项目的发展具有十分关键的作用。时值我国学前教育立法如火如荼推进的政策良机，本书希望在后续研究中对“推进农村学前教育项目”的立法保障问题进行跟进探讨。

第一，制定学前教育法以健全项目法律保障机制。尽管我国目前还没有专门的国家层面的学前教育法，但加快学前教育立法进程，为学前教育事业的发展提供法律保障已经成为我国政府发展学前教育的重要着力点，《国家中长期教育改革和发展规划纲要（2010—2020 年）》已将学前教育法列为立法项目，学前教育立法的条件基本具备。我们有必要在一部全国性、高层次、高效力的专门法中对学前教育的重要功能与综合价值进行权威阐释，对学前教育对于个体发展与终身学习及对补偿并改变弱势群体不利处境、促进教育起点公平乃至社会公平的重要功能与不可替代的价值等做出深刻的阐释与规定。并在此基础上对关于“推进农村学前教育项目”的下述方面予以突出强调并重点规定：项目的性质、价值与功能、根本宗旨及其在国家学前教育事业中的地位；项目机构的注册、审批与管理；各级政府特别是中央政府在项目发展中的职责，各级主管部门及相关政府部门的职责及其协调合作；项目的经费来源、财政投入保障，以及政府专项经费、财政预算单列、优先扶持弱势等制度保障；项目教师的身份、地

---

① 夏靖、庞丽娟、沙莉：《立法促进学前教育公平：台湾地区的经验及其启示》，载《教育科学》，2009(5)，79 页。

② 沈健：加快学前教育立法[EB/OL]. 教育部门户网站. http://www.moe.edu.cn/edoas/website18/50/info1268645158989450.htm 2010-4-4.

③ 夏靖、庞丽娟、沙莉：《立法促进学前教育公平：台湾地区的经验及其启示》，载《教育科学》，2009(5)，79 页。

位、资质要求、工资、待遇、培训等各项权益保障等。通过对上述事关我国“推进农村学前教育项目”发展的重要方面和基本问题做出基本界定与规范，为项目发展提供必须与根本性法律依据和刚性保障。

第二，以法律形式明确项目的基本定位。项目的价值、性质、功能等是“推进农村学前教育项目”发展中的前置性问题和定位基础，对这些重要方面的规定无疑也构成了学前教育法中涉及项目的首要方面与价值基础。首先，深刻阐释项目的重要价值与功能。应对项目对于个体发展与终身学习，对国家学前教育事业的发展，为基础教育、终身教育奠基，补偿并改变弱势群体不利处境、促进教育起点公平乃至社会公平的重要功能与不可替代的价值，以及对提高国民素质与国家人力资源储备水平，乃至促进国家综合国力与国际竞争力提升的重要奠基作用与潜隐性长期战略影响，做出深刻、全面的阐释与规定。其次，确定项目的根本宗旨与目标。基于项目的价值与功能，建议对项目的基本宗旨与目标做出如下规定：项目应以“优先补偿弱势群体，促进全体幼儿身心全面发展，为个体终身发展与基础教育奠定基础，促进学前教育普及与教育起点公平，促进和谐社会的建设与发展，以及为国民素质提高、国家人力资源储备与综合国力提升奠基”为其根本宗旨与基本目标。

第三，以法律形式确立项目机构的政府主导模式与管理方式。应在学前教育法中确立项目机构的政府主导模式。首先，强调政府主导学前教育项目在量和质上的双重优势，并鼓励以多种形式发展学前教育。其次，规定政府要通过对各类学前教育机构统筹规划、政策制定、质量监督与促进等职责作用来体现其主导，特别是通过政府举办的优质项目机构发挥示范、辐射作用，引领项目发展。再次，明确项目机构的审批与管理，促进其规范化、规模化发展。

第四，以法律形式明确政府和相关部门的项目职责。首先，明确政府的项目职责，特别是强化中央政府的职责。学前教育法及相关配套法规中应对中央政府与地方各级政府的项目职责做出规定。对中央政府的项目职责的规定应包括：对项目发展的宏观规划与战略部署、法律与政策制定、统筹领导与宏观管理、经费保障与财政投入、师资建设等方面的重要责任的规定，特别是将“推进农村学前教育项目”的发展纳入整个学前教育事业的发展规划。其次，明确教育主管部门及相关部门的项目职责，建立健全跨部门协作机制。应明确项目主管部门及相关政府部门的职责，如财政部门、人事部门、卫生部门、妇联部门、建筑部门、民政部门、人口与计划生育部门等各部门在项目发展中相应的职责，并加强各部门之间的协调合作。同时，明确规定、完备地方各级项目主管部门与专职管理人员，并明确其各项职责。地方学前教育法规也应参照国家层面的法律法规，进一步对本级政府主管部门及相关部门的项目职责及其协作机制做出相应的明确规定。

第五，以法律形式规范政府的项目财政投入体制。基本的经费保障、到位的政府财政投入、顺畅的财政投入体制等是“推进农村学前教育项目”发展的关键因素之一。明确各级政府项目教育财政投入的职责及其财政投入的分担机制，完善并创新项目财政投入体制是我国学前教育法应该重点规定的方面。首先，将项目经费纳入政府财政性教育预算。应在法律中明确规定，将项目经费纳入各级政府每年度教育财政性预算，并设立项目经费专门科目，实行学前教育财政预算的单项列支，按照公办项目机构教职工编制标准、工资标准和幼儿园建设标准、学生人均公用经费标准等，及时足额拨付项目经费，确保项目机构的正常运转和校舍安全，确保项目教师工资按时足额发放。其次，确立中央与地方各级政府分担的项目财政投入体制。应在法律中规定项目经费投入实行国务院和地方各级人民政府根据职责共同负担，省、自治区、直辖市人民政府负责统筹落实的体制。各级政府应根据国务院的规定，分内容、按比例分担项目财政经费，具体分担比例依据不同地区社会经济发展水平不同可有所调整。

第六，以法律形式明确和保障项目教师身份、待遇、资质与培训。项目教师明确的身份，有保障的工资、待遇，稳定的队伍和较高的整体素质是项目顺利开展的重要人员保障。因此，应在学前教育法中对项目教师的身份、地位，工资、待遇、培训等基本权益及其资质要求、资格制度等做出明确规定，为项目师资队伍的建设与发展提供法律依据和有效保障。具体而言，应重点从以下方面加以规定：首先，确保项目教师的基本待遇和权益。保证并提高项目教师工资、待遇等水平的最为有效的措施即建立相关法律保障。因此，基于国际经验和我国已有的法律依据，建议在法律中进一步明确规定，各级政府在将项目经费纳入财政预算的前提下，保证其中用于发放项目教师基本工资和福利待遇的经费总额。财力许可的地方政府还应对依法设立、发展良好的非公立项目机构的幼儿教师给予财政资助与奖励。其次，逐步提高项目教师学历水平并完善资格认定制度。明确并逐步提高对幼儿教师的学历水平与综合素质的要求，是大型学前教育推进项目的重要国际经验之一，应体现在我国的项目法律中。与此同时，除学历水平的要求外，还应明确规定项目教师资格认定的程序、相关考试与评审的过程与要求、资格认定考试的主要方面，特别是针对学前教育教师专业理论、知识、素质和教育教学实践能力等考核与评价的要求等，增强项目教师资格认定的科学性、规范性与专业性。再次，建立并规范项目教师培训与专业发展的相关制度。项目教师的在职培训与专业发展作为项目教师队伍建设的核心内容，也应通过立法予以保障。

参考文献

一、中文文献

（一）著作类

[1]洪雯柔. 贝瑞岱比较教育研究方法之探析[M]. 台北：扬智文化事业股份有限公司，2004.

[2]李秉德. 教育科学研究方法[M]. 北京：人民教育出版社，2001.

[3]教育部发展规划司. 中国教育统计年鉴(2005)[M]. 北京：人民教育出版社，2006.

[4]周洪宇. 教育公平是和谐社会的基石[M]. 合肥：安徽教育出版社，2007.

[5]林秀锦. 美国的早期保育与教育[M]. 南京：江苏教育出版社，2006.

[6][美]莫里森(Morrison. G. S). 当今美国儿童早期教育(第八版)[M]. 王全志，孟祥芝等译. 北京：北京大学出版社，2004.

[7][美]布什(Bush, G. W.). 不让一个孩子掉队[A]. 董建红等译. 吕达，周满生主编. 当代外国教育改革著名文献(美国卷·第四册)[C]. 北京：人民教育出版社，2004.

[8][美]戴维·波普诺. 社会学[M].李强等译. 北京：中国人民大学出版社，1999.

[9][美]劳伦斯·A. 克雷明. 美国教育史(第三部)[M]. 北京：北京师范大学出版社，2002.

[10][美]杰克·梅瑞迪斯、小塞缪尔·曼特尔. 项目管理：管理新视角[M]. 郑晟等译. 北京：电子工业出版社，2002.

[11][美]教育周刊编. 奥巴马的教育蓝图[M]. 范国睿主译. 北京：教育科学出版社，2010.

[12]美国促进科学协会. 普及科学——美国2061计划[A]. 闵实，闵季译. 吕达，周满生主编. 当代外国教育改革著名文献（美国卷·第二册）[C]. 北京：人民教育出版社，2004.

[13]美国国会. 2000年目标：美国教育法[A]. 周满生主编. 当代外国教育改革著名文献（美国卷·第四册）[C]. 北京：人民教育出版社，2004.

[14]联合国教科文组织国际教育发展委员会. 学会生存：教育世界的今天和明天[M]. 华东师范大学比较教育研究所译. 北京：教育科学出版社，1996.

[15]史静寰. 当代美国教育[M]. 北京：社会科学文献出版社，2001.

[16][法]米拉雷特. 世界各国学前教育动向[M]. 刘幸宇译. 长春：吉林人民出版社，1991.

[17][英]埃德蒙·金. 别国的学校和我们的学校——今日比较教育[M]. 王承绪等译. 北京：人民教育出版社，2001.

[18]王英杰，余凯等. 美国教育[M]. 长春：吉林教育出版社，2000.

[19]瞿葆奎，美国教育改革[M]. 北京：人民教育出版社，1990.

（二）期刊类

[1]周采. 美国提前开端项目的现状与趋势[J]. 比较教育研究，2001（10）.

[2]路晨，杨晓萍. 美国“提前开端”计划中的社区课程设计[J]. 山东教育，2005（10）.

[3]路晨，刘云艳. 美国“提前开端”计划中的社区课程的实施[J]. 山东教育，2005（Z6）.

[4]李敏谊. 从开端计划到稳健起步计划：国际社会建设和谐教育的不懈努力[J]. 比较教育研究，2008（4）.

[5]姚艳杰，许明. 美国“提前开端”计划的发展、问题与走向[J]. 学前教育研究，2008(4).

[6]吴琼. 美国“提前开端”计划的教育公平取向及其启示[J]. 幼儿教育，2008(6).

[7]陈厚云，方明. 美国重视发展学前教育及其启示[J]. 学前教育研究，2001(2).

[8]胡娟. 论发展我国贫困地区学前儿童教育的必要性及可行性[J]. 西北师大学报，2002(4).

[9]陈厚云. 美国政府为何不断加大幼教投入[J]. 幼儿教育，2002(2).

[10]陈厚云，方明. 美国重视发展学前教育事业(上)[J]. 早期教育，2002(2).

[11]陈厚云，方明. 美国重视发展学前教育事业(下)[J]. 早期教育，2002(2).

[12]冯晓霞. 努力促进幼儿教育的民主化——世界幼儿教育改革与发展的重要趋势[J]. 学前教育研究，2002(2).

[13]顾明远. 教育公平与和谐教育[J]. 比较教育研究，2008 (4).

[14]蔡迎旗，赵志敏. 利用社区资源对处境不利的幼儿进行补偿教育[J]. 中国教师，2004(4).

[15]蔡迎旗，冯晓霞. 论我国幼儿教育政策的公平取向及其实现[J]. 教育与经济，2004(2).

[16]胡昌宇. 兼顾效率与公平：英国新工党政府经济与社会改革的有益尝试[J]. 世界经济与政治论坛，2006(4).

(三)博硕士论文类

[1]李晓红. 美国“提前开端”计划初探[D]. 重庆：西南大学，2006.

[2]方正. 迈向民主与平等——战后英国教育改革[D]. 上海:上海外国语大学，2007.

[3]李娜. 英国布莱尔执政时期的重要教育政策研究[D]. 上海:华东师范

大学，2008.

[4]王冠玥. 全民教育背景下中印农村基础教育问题比较研究[D]. 上海：华东师范大学，2007.

（四）网络资源类

[1]国家中长期教育改革和发展规划纲要(2010—2020年).(EB/OL)中央政府门户网站. http://www.gov.cn/jrzg/2010-07/29/content_1667143.htm.

[2]郭福昌. 学前教育从“无位”到“有位有为”. [EB/OL]. 国务院妇女儿童工作委员会网站. http://www.nwccw.gov.cn/html/83/n-154183.html.

[3]苏婷，高伟山. 国家督学庞丽娟：政府应主导学前教育[N]. 中国教育报，2009-02-27(3). [EB/OL]. 人民网. http://edu.people.com.cn/GB/14072579.html.

二、英文文献

（一）著作类

[1]Ames, L. J., Ellsworth, J. (1997). *Women reframed, women empowered: Poor mothers and the endangered promise of Head Start.* New York: Temple University Press.

[2]Aboud, F. E. (2006). *Evaluation of an early childhood preschool program in rural Bangladesh.* Early Childhood Research Quarterly, Vol. 21, Issue 1.

[3]Rao, N. (2005). *Children's rights to survival, development, and early education in India: the critical role of the integrated child development services program.* International Journal of Early Childhood. Vol. 37, No. 3.

[4]Beatty, B. (1995). *Preschool education in America.* NewHaven, CT: Yale University Press.

[5]Ceglowski., Walsh, D. J. (1998). *Inside a Head Start Center: Developing policies from practice.* New York: New Teachers College Press.

[6]Currie, J., Thomas, D. (2000). *Does Head Start help Hispanic children?*

Santa Monica: Rand.

[7]Ellsworth, J. ,& Ames, L. J. (1998). *Critical perspectives on project Head Start: Revisioning the hope and challenge.* New York: State University of New York Press.

[8]Jipson, J. , Johnson, R. (2001). *Resistance and representation: Rethinking childhood education.* New York: Peter Lang Publishing.

[9]Evans, J. L. , Meyers, R. G. , & Ilfeld, E. (2000). *Early childhood counts: A programming guide on early childhood care for development.* Washington, DC: World Bank Publications.

[10] Mohanty, J. (2004). *Modern Trends in Indian Education. New Delhi: Deep & Deep* Publications PVT. LTD.

[11] Volberg, T. (2008). *Gender Disparities in India's Educational System and the Role of UNICEF.* Ravensburg: GRIN Verlag.

[12]Bose, K. et al. (2008). *Stunting, underweight and wasting among Integrated Child Development Services (ICDS) scheme children aged 3—5 years of Chapra, Nadia District, West Bengal, India.* Neglected Tropical Diseases. Vol. 2, No. 4.

[13]CLASP: Center for Law and Social Policy. (2009). *United States Head Start by the Numbers* ***2008*** PIR Profile.

[14]Edward Zigler&Sally J. Styfco. *The Head Start Debates, Paul H. Brookes Publishing* Co. ,1nc. 2004.

[15]Gill, S. (1996). *The Dynasty: A political biography of the premier ruling family of modern India.* New Delhi: HarperCollins Publish - ers India.

[16]Brooks - Gunn, J. , Duncan, G. J. (1997). *The Effects of Poverty on Children.* The Future of Children, Vol. 7, No. 2, Children and Poverty.

[17]Procter, P. (1995). *Cambridge International Dictionary of English.* London: Cambridge University Press.

[18]Valora Washington. & Ura Jean Oyemade Bailey. (1995). *Project Head Start A7odels and Strategies for the Twenty – First Century* Garland Publishing; Inc. New York &London.

[19]Maris A. , Vinovskis. (2005). *The birth of Head Start: Preschool education policies in the Kennedy and Johnson administrations.* Chicago: University of Chicago Press.

[20]Tank, R. M. (1980). *Young Children, Families, and Society in America since the* 1820*s: The Evolution of Health, Education and Child Care Programs for Preschool Children.* University of Michigan.

[21] Lokshin. M. et al. (2005). *Improving child nutrition? The Integrated Child Development Services in India.* Development and Change, Vol. 36, No. 4.

[22]U. S. Department of Health and Human Services. (1998). *Administration for Child and Families, Office of Planning, Reserarch and Evaluation, Child Outcomes Research and Evaluation*, Administration on Children, Youth and Families, Head Start Bureau. Head Start Program progress Report.

[23]Washington, v. & Bailey, U. (1995). *Project Head Start: Models and strategies for the twenty –first century.* New York & London: Garland Publishing.

[24]Neuman, S. (2009). *Changing the odds for children at risk: seven essential principles of educational programs that break the cycle of poverty.* New York, Teachers college press.

[25]Laurie, M. A. etc. (2003). *The Effectiveness of Early Childhood Development Programs:A Systematic Review.* American Journal of Preventive Medicine, Vol. 24, Iss. 3, Supplement 1.

[26] Magnuson, A. K. , Meyers, K. M. , Ruhm, J. C. , Waldfogel, J. (2004). *Inequality in Preschool Education and School Readiness.* American Educational Research Journal. Vol. 41, No. 1.

(二)期刊类

[1] Allen, R. L. et al. (2004). *Preschool Hearing Screening: Pass/Refer Rates for Children Enrolled in a Head program in Eastern North Carolina.* American Journal of Audiology: ProQuest Education Journals, Vol. 13, No. 1.

[2] Anziano, M. C., & Terminello, V. (1993). *Navajo Head Start: Teacher training and adult literacy in a local context.* Journal of Reading. Proquest Edueation Journals, Vol. 36, No. 5.

[3] Blank, H. (2004). *Head Start under assault.* The American Prospect, Vol. 15, No. 11.

[4] Bloom, P. J. & Sheerer, M. (1992). *Changing organizations by changing individuals: A model of leadership training.* The Urban Review, Vol. 24, No. 4.

[5] Bonner, S. et al. (2006). *Validating an Asthma Case Detection Instrument in a Head Start Sample.* The Journal of School Health, Vol. 76, No. 9.

[6] Boyce, C. A. et al. (2000). *The Head Start Mental Health Research Consortium: New directions for research partnerships.* Behavioral Disorders: ProQuest Psychology Journals, Vol. 26, No. 1.

[7] Buetens, K. K., Sullivan, E. (1996). *Team Consultation Model: Alcoholism and Drug Abuse Training for Head Start Staff.* Child and Youth Care Forum, Vol. 25, No. 6.

[8] Ceglowski, D. (2006). *Head Start – Operated Full – Day Services: Successes, Challenges, and Issues.* Journal of Research in Childhood Education, Vol. 20, No. 3.

[9] Chafel, J. A. (1992). *Head Start: Making "Quality" a National Priority.* Child and Youth Care Forum, Vol. 21, No. 3.

[10] Champion, T. B. (2003). *A matter of vocabulary: Performances of low – income African American Head Start children on the Peabody picture vocabulary Test – Ⅲ.* Communication Disorders Quarterly: ProQuest Psychology Journals, Vol. 24,

No. 3.

[11]Dervarices, C. (2007). *MSIs may be called on to produce degree – holding Head Start teachers.* Diverse Issues in Higher Education, Vol. 24, No. 22.

[12]Frankel, A. J. (1997). *Head start and social work. Families in Society*: ProQuest Psychology Journals, Vol. 78, No. 2.

[13]Franze, S. E. et al. (2002). *Describing Head Start family service workers: An examination of factors related to job satisfaction empowerment, and multiculturalism.* Families in Society, Vol. 83, No. 3.

[14]Friel, B. (2007). *House Passes Head Start Renewal.* National Journal, Vol. 39, No. 18.

[15]Halsall, S., Green, C. (1995). *Reading Aloud: A Way for Parents to Support Their Children's Growth in Literacy.* Early Childhood Education Journal, Vol. 23, No. 1.

[16]Horm, D. M., Caruso, D. A., & Golas, J. (2003). *Head Start teaching center: Differential training effects for Head Start personnel.* Children and Youth Care Forum, Vol. 32, No. 1.

[17]Kapil, U. (2002)*Integrated Child Development Services (ICDS) Scheme: A program for holistic development of children in India.* Indian Journal of Pediatrics, Vol. 69, No. 7.

[18]Kathy Sylva(2007). *Changing models of research to inform educational policy.* Research Papers in EducationVolume 22, Issue 2.

[19]Kumar, D. et al. (2006). *Influence of Infant –feeding practices on nutritional status of under-five children.* Indian Journal of Pediatrics, Vol. 73, No.5.

[20]Lokshin. M. et al. (2005). *Improving child nutrition? The Integrated Child Development Services in India.* Development and Change, Vol. 36, No.4.

[21]Rao, N. (2005)*Children's rights to survival, development, and early education in India: The critical role of the Integrated Child Development Services program*

International Journal of Early Childhood. Vol. 37, No. 3.

[22]Rao, N. (2005). *Children's rights to survival, development, and early education in India: the critical role of the integrated child development services program.* International Journal of Early Childhood. Bakewell: Vol. 37, No. 3.

（三）博硕士论文类

[1]Blankenship, J. L. (2006). *Community - level fortification of a food supplement for pre - school aged children in India* [D]. Ph. D. , Tufts University.

[2]Ageros, B. (1981). *India's population policy and integrated child development services: An analysis of compatibility* [D]. Ph. D. , University of Pittsburgh.

（四）网络资源类

[1]Bertram, T. , Pascal, C. (2002). *Early years education: An international perspective.* London: Qualifications and Curriculum Authority.

[2]Cooper, G. et al. (2007). *Quality Improvement Principles: A Framework for Local Authorities and National Organisations to Improve Quality Outcomes for Children and Young People.* London: National Children's Bureau.

[3]Bhawan, S. (2006). *Working group on development of children for the eleventh five year plan (2007—2012)*—A report. New Delhi: Ministry of Women and Child Development. Retrieved July 16, 2008 from http://wcd. nic. in/.

[4]Bhawan, S. (2006). *Sub group report—ICDS and nutrition in the eleventh five year plan* (2007—2012). New Delhi: Ministry of Women and Child Development. Retrieved July 16, 2008 from http://wcd. nic. in/.

[5]CARE. (2000). *Celebrating a **50** year partnership CARE India 1950—2000.* Retrieved Nov. 20, 2008 from www. careindia. org.

[6]英国议会. Childcare Act 2006. http:// www. opsi. gov. uk/acts. htm. 2008 - 3 - 15.

[7]DfES. (2004). Every child matters: change for children. http://www. everychildmatters. gov. uk/search/. 2008 - 3 - 21.

[8] Conference Report to Accompany H. R. 1429: Improving Head Start for School Readiness Act - Section by Section Summary[R]. http://www. whsaonline. org/Improving% 20HS% 20Act% 20of% 202007/Conference% 20Report% 20section%20by%20section%20final%20_2_. pdf, p. 4. [2008 - 11 - 7].

[9] OECD Country Note (2000). *Early Childhood Education and Care Policy in The United States of America*. [R]. http://www. eric. ed. gov/ERICDocs/data/ericdocs2sql/content_storage_01/0000019b/80/19/28/bc. pdf p. 33. 2009 - 1 - 30.

[10] 08*Fact Sheet: Head Start Basics*[R]. National Head Start Association. [EB/OL]. http://www. censusindia. gov. in/Census_Data_2001/National_Summary/National_Summary_DataPage. aspx 2008 - 7 - 14.

[11] CIALibrary [EB/OL]. https://www. cia. gov/library/publications/the - world - factbook/docs/notesanddefs. html#2128. 2008 - 11 - 22.

[12] India Statistics [EB/OL]. http://www. indiastat. com/2008 - 7 - 10.

[13] Integrated Child Development Service. [EB/OL]. http://icds. gov. in/ 2008 - 2 - 15.

[14] Ministry of Women and Child Development [EB/OL]. http://wcd. nic. in/. 2008 - 7 - 16.

[15] UNESCO Institute for Statistics [EB/OL]. http://stats. uis. unesco. org/ 2008 - 7 - 14.

[16] UNICEF. Mapping India's Children [EB/OL]. http://www. unicef. org/india/Mapping_India3. swf 2010 - 3 - 25.

[17] WFP in India [EB/OL]. http://www. wfp. org. in/publications/all_publications. htm 2011 - 11 - 21.

后 记

本书是由我的博士论文修改而成的。而今,博士毕业已三年又半载了,搁置许久的博士毕业论文有幸在黑龙江教育出版社出版成书,不胜欣喜。我之所以选择美、英、印学前教育推进项目比较研究作为研究方向,是基于如下考虑:21世纪前20年是我国实现社会大发展的重要战略机遇期,到2020年,中国学前教育能否担负起培养中国发展后备力量的重任,是我们面临的重大课题。在这样的新形势下,我国政府于2010年7月正式发布了《国家中长期教育改革和发展规划纲要(2010—2020年)》,赋予了学前教育在现代教育体系中更为重要的角色,使如何实现"基本普及学前教育"的战略目标、贯彻"明确政府职责"和"重点发展农村学前教育"的发展任务,并实施国家主导的、以加强关键领域和薄弱环节——农村幼儿学前教育为重点的"推进农村学前教育项目"成为我国政府在学前教育事业发展新的10年的关键问题之一。而综观国际社会,美、英、印等国均致力于学前教育普及与政府学前教育主导性职责的研究,特别是近年来,纷纷通过国家主导的大型学前教育推进项目引领本国学前教育事业发展。因此,深入研究美、英、印等国大型学前教育推进项目产生的背景与发展历程、主要内容与共同经验,对于促进我国应对和解决当前学前教育事业发展所面临的需求,特别是为我国"推进农村学前教育项目"提供借鉴参考具有重要的理论价值和实践意义。

选择了这样一个时间跨度长、难度又大的开拓性课题,我不得不一头扎进书堆和网络中去查询资料,进行思考。有时候我觉得资料太多,多到我看不完、理不清,有时候我又觉得资料太少,少到困惑得不到解答。于是,我不得不长时间在资料的深海中甄选、翻译、归纳、演绎、提炼、升华……在写作的两年中,我也徘徊过、彷徨过,也曾后悔自己怎么选择了这样一个容不得半点偷懒的课题,只能扎扎实实地去阅读、思索……然而,每当自己的研究取得了哪怕一点点进展,我又为自己的收获和成长感到前所未有的欣慰。艰辛的过程、满满的收获……

我深知本研究还存在许多缺陷与不足。我愿意接受学者与同行们的批评与指正。阐释美、英、印三国学前教育推进项目的产生背景、发展历程、影响因素,尤其是由基本定位、举办机构、管理体制、投入体制和师资发展这五个维度构成的三个项目主要内容的方式很多,我只是用了一种我以为更为理性的方式对其做了"理解"与"解读",或许还有更佳的方式。

一本书的问世,除了自己的努力,还应该感谢许许多多的人。平日里,我是一个不善言谢的人,总是把谢意深藏在心里、记在心间,总觉得以后还有表达的机会。在此诉诸笔端,以示最诚挚的谢意!

师恩情,莫敢忘。首先,要衷心感谢我的恩师霍力岩教授。没有她的信任和指引,我不可能得到攻读博士学位的深造机会,更不可能接触甚至选择这样的题目作为我的研究方向。霍教授用深厚的学术底蕴和丰富的人生阅历"传道、授业、解惑"于我,尤其在我写作期间,霍教授指引我走出一个个困境,将我引向学术的殿堂。从选题、开题、成文,从初稿到完稿,霍教授的悉心指导和严谨求实的学术精神使我受益匪浅。而老师所给予我的远远不止于学术研究本身,还有宽容、智慧、充满力量而又敏锐豁达的人格魅力,精辟严厉的谆谆教诲,以及体贴入微的切切关怀……能够遇到老师,成为老师的第一个博士生,是我莫大的荣幸和幸福!

借此机会,我还要感谢北京师范大学国际与比较教育研究院的所有老师,他们兢兢业业的工作态度及严谨的学术态度使我终身受益。还要感谢王英杰老师、刘宝存老师、马健生老师、冯晓霞老师和刘占兰老师,感谢几位老师对我的研究提出了宝贵意见和建议!

感谢陪伴我学习、成长的同门和学友,敏谊师姐、海军、珊珊一直以来对我的研究给予了很多关注和支持,尤其是在定稿前对内容提出了诸多修改、完善的宝贵意见和建议,在此表示深深的感谢!感谢文英、晓会、文君和毅敏等同门挚友的一路相伴,你们对我的支持、鼓励和友情对我来说弥足珍贵!感谢郑艳、思培、小珂、勤露、刘霞、郭珺、佳妮、宏钰、逢利、晨晖、黄爽、雅川等各位师妹几年来对我的无私帮助！特别感谢王燕媚老师、邵巧云老师、春沁、晓艳等同门姐妹在我研究最后的修改阶段所给予我的真诚帮助！同时还要感谢乔鹤、陆瑜、刘敏、赵伟等同窗好友的热情和友善！和你们的相识、相知、相处是我人生中莫大的财富！

深深感谢我的家人！你们的支持和期盼如同阳光，是多年来我求学的精神动力，对于你们，我只有继续努力，以不断的进取作为最好的回报！

最后，感谢培养我的母校！在北师大，我开始了真正意义上的学术研究，并在这条路上不断前行；在北师大，我有幸结识如此众多的良师益友；在北师大，我收获的不仅仅是知识与学术，还有更多宝贵的……享用终生！

齐晓恬